高卒程度公務員 適性試験問題集

資格試験研究会 編

実務教育出版

は　じ　め　に

　国家公務員や地方公務員の一般職の試験では，適性試験が教養試験と同等のウェイトで実施されます。公務員試験の特色が，能力や適性など「職務遂行の能力を有するかどうかを判定する」目的で行なわれる一般知能や適性試験にあり，その成否が合格のカギを握っていることはよく知られているところですがこれらの準備に適切な問題集はほとんどないといってよいでしょう。

　〝教養試験はまずまずであったが，適性試験で失敗した〟という受験者の声を，毎年多数耳にします。また〝適性試験のための適切な問題集が欲しい〟という問合せが増えています。

　このような受験志望者の要望と適性試験の特殊性と内容を考慮して，これだけやれば合格まちがいなし，という〝頼りになる適性試験問題集〟を完成しました。『高卒程度公務員　知能分野問題集』の姉妹編として活用してください。

　本書のねらいは，適性試験に備えて〝スピードと正確さのバランスのとれた実力づくり〟を目標にまとめてあります。

(1)　概論編で，適性試験がどのようなねらいで出題されるか，出題のねらいと傾向をつかみ，合格を目指す準備対策を立てる。

(2)　基本編で，適性試験の基本になる出題形式を理解し，解法の手順・要領を会得する。

(3)　応用編で，最近の実際試験に出題された形式を中心に120題で構成された問題を，本試験と同じ方法で練習し，合格の実力をつける。

　とにかく，〝習うより慣れろ〟の気持で，からだで覚えることが合格のコツです。本書を着実にマスターし，来るべき試験で，合格の栄冠を勝ち取られるよう期待しています。

資格試験研究会

■本書の特色と学び方■

▶適性試験の問題例を羅列するのではなく，合格する実力づくりのために，
(1) 出題のねらいや準備の方法を理解させる
(2) 手引や注意をよく理解し，解答方法を覚えこませる
(3) 実際と同じ形式・方法で練習させ，合格の実力をつける
など，段階的・総合的な準備を目指している。

▶問題は初歩的・基本的な形式から複合形式（基本形式の組合せ）の難しいものまで，幅広い応用力を身につけるために，
(1) 基本となる検査形式（照合・分類・置換・計算・図形把握）
(2) 基本検査の組合せ（照合＋分類，置換＋計算など）
を段階的に構成している。

▶基本編は，問題数を60題，実施時間8分とし，問題形式，出題意図を把握させるとともに，数多くの問題に取り組めるようにしている。

▶応用編は実際試験と同様に，120題，実施時間15分とし，本番時と全く同じ条件で解答できるよう，幅広い合格実力づくりを主眼としている。

▶解答は問題のすぐあとにまとめ，利用しやすいようにした。

▶解答用紙を巻末にもうけ，実際試験と同方法で練習できるよう，切りとって解答できるように配慮した。

高卒程度公務員 **適性試験問題集** ———————————— 目　　次

Ⅰ　概　論　編

Ⅱ　基　本　編

III 応用編

Ⅰ 概論編

■**概論編のねらいと要点**■

▶本編では，公務員試験における適性試験とは，どんな意味あいがあるのか，適性試験のねらいはなにか，またその方法は……，こんな疑問点について解説するとともに，それに対処する姿勢を紹介するものである。

▶したがって，ここでは適性試験のねらい，適性試験の特徴，適性試験の内容，適性試験の形式を把握し，そして，具体的な資料に基づく最近の適性試験の傾向，合格のポイント，また，効果的な適性試験の練習法について理解してもらいたい。

▶適性試験の目的は，公務員に採用されたときに，実際の仕事を正確に遂行できるかどうか，いわゆる採用後の職務内容，文書の浄書，記入，記録，集計，照合，転記，分類，整理などの仕事を将来，速く習得することができ，習得した仕事を正確に行なう適性をそなえているかどうかをみるものである。

▶本編はその意味においても，最も基本となるところで，以上の点を深く吟味し，会得してもらいたい。

適性試験の意義と特色

1　適性試験のねらい

適性とは

　最近は〈適性〉という言葉がよく使われる。たとえば,「自分は自動車修理工の適性はあるが,自動車のセールスマンの適性はない」,また,「彼は外交官としての適性はない」といったように使われる。

　この適性という意味を考えてみると,

a　その仕事を好きか嫌いか

b　その仕事ができるかできないか

c　その仕事に性が合っているかいないか

といったように分けることができる。

　これをもう少し考えると,〈好きか嫌いか〉ということは興味の問題であるし,〈できるかできないか〉ということは能力(職業適性)の問題,〈合っているか合っていないか〉は性格の問題であるといってよいだろう。

　このほかにも適性ということを大きく考えるならば,身長,あるいは身体の強健度,視力などのいわゆる身体的適性という問題もある。しかし一般には,この身体的適性というのは適性以前の問題とされ,前述した興味,職業適性,性格といった考え方が適性判定の材料だろう。

仕事と適性

　次に仕事(職務)のほうから考えてみると,それぞれ,その仕事によって要求する適性が違う。たとえば,警察官には体力はもちろん,適度な運動能力,

あるいは記憶力，正義心，公平さ，奉仕心などの適性が要求され，パイロットにはパイロットとしての適性が要求されている。

したがって，ある職種の採用試験を実施する場合には，その職務内容にふさわしい適性の所有者を採用するにこしたことはない。そのほうが，その職務遂行の効率の点ばかりではなく，その人のためにもよいことなのである。

そのような考え方から，公務員の採用にあたっては，その職務を遂行するに最もふさわしい人材の発見，あるいはふさわしくない人材の排除のために適性試験が実施されているのである。

最近の一般民間会社の就職試験でも，適性試験を課す会社が年々増加している。これも，適性という考え方が，近年の心理学の発達と相まって，職務分析や心理テストの向上を背景として，定着してきたのだろう。

その点，初級公務員採用試験における適性試験は，戦後，いち早く実施されるようになり，歴史も古く，その科学的な手法によって，採用試験における適性試験として，その妥当性や信頼性の研究も深く，わが国の適性試験のモデルといってよいだろう。

公務員の適性

一般に初級公務員（事務系）の担当職務は，文書の浄書，記入，記録，集計，照合，転記，分類，整理などである。このような仕事を速く習得することができ，かつ習得した仕事を正確に行なうことができるかどうかが適性になる。これを書記的適性という。

この書記的適性の具体的な能力は，

a 言葉や数字の細部を識別する能力

b 言葉や数字を照合する能力

c 速く正確に計算を行なう能力

d 一定の動作を速く正確に行なう能力

などの基礎的な能力である。

2　適性試験の特徴

「適性試験を制する者は公務員試験を制する」　これは初級（高卒程度）公務員試験の受験指導にたずさわっているものの実感である。

もちろん，公務員試験には，

a　教養試験の中に一般知能という知識問題とは異なる，知能テスト的な判断力や理解力をみる問題がある。

b　出題形式が択一式である。

などの他の民間会社の就職試験にはみられない数々の特色があるが，なんといっても，最大の特色は，適性試験が課せられていることだろう。

最近の一般の就職試験の中には，適性試験として，心理テスト（知能テスト・性格テスト・興味テスト・職業適性テストなど）を実施する会社も多いが，公務員試験の場合の適性試験は，それらのテストとは，かなり違う独特な形式で実施されている（基本的には，職業適性テストの1種）。

どのような違いがあるかというと，

a　形式は作業テストである。

試験は一定の作業を行なう形式である。これは，たとえば，「あなたは○○が好きですか」，あるいは「あなたは慎重なタイプですか」といったような質問形式，または与えられた絵，模様あるいは文章からいろいろな想像をさせたり文章を書かせることによってテストするものではなく，定められた方式によって作業をさせる検査である。

b　書記的な適性をみる職業適性テストである。

前述したように適性という考え方の中には，いろいろな考え方がある。たとえば，ある職種の採用条件の中に，身長は160cm以上，裸眼視力が0.6以上という条件があれば，それも1つの適性で，身体的適性ということができる。また，性格的な適性がいろいろあることはいうまでもない。

公務員試験における適性試験は，ある職種について，その職務内容を果たすことができる潜在的な能力（適性）があるかどうかをみるものである。この場合，ある職種とは，事務系職種のことで，潜在的な能力（適性）とは書記的適性のことである。

c　スピード検査である。

　適性試験は前述したように作業検査であるが，これはただばくぜんと作業をするのではなく，一定の制限内にどれだけ作業を果たすことができるか，ということが問題になる。そして，制限になるのが時間である。したがってタイムリミットによるスピード検査ということができる。

d　スパイラル形式で出題される。

　スパイラルというのは交互という意味であるが，適性試験においては，一定の方式による1つの作業だけが課せられるのではなく，それぞれ異なる方式によるいくつかの作業(2～3種)が交互に出題される。これをスパイラル形式による出題という。

e　採点は減点法である。

　適性試験の採点法は，ただ，その正答数だけによって採点されるのではなく，誤答数も採点される減点法がとられている。

　具体的な適性試験の得点方法は次のようになる。

> 適性試験の得点＝正答数－誤答数

　したがって，仮に，全部で60題解答し，このうち誤答が4題あったとすると，得点は正答数56から4マイナスされて52点になる。

　また，無答（答えていない問題）も誤答として採点されるので，とばして解答すると損することになる。この無答というのは，解答した1番最後の問題より以前の問題で解答していない問題数ということなので，とばせばとばすほど減点されることになる。

　このように，採点が減点法によっているということは，適性試験が単にスピードだけでなく，正確さも要求していることの証明である。

3　適性試験の内容

適性試験の目的は，初級公務員として，仕事を行なう場合に必要とされる正確さ，敏捷さ，熟練度の判定にあるので，そのために次のような問題から構成されている。

a　照合問題

文字や記号を転記したものに誤りがないかどうかを速く正確に照合する問題で，次のような作業である。

〔例　題〕　次の正本と副本を比較して，学校に誤りがあれば1，氏名に誤りがあれば2，所在地に誤りがあれば3，2つ以上誤りがあれば4，1つも誤りがなければ5と答えよ。

	（正本）			（副本）		正答
〔例題1〕	城北高校	山田一郎　東京	城北高校	山本一郎	東京	2
〔例題2〕	東海高校	佐藤仁志　秋田	東京大学	佐藤仁志	青森	4

b　分類問題

一連の記号，文字などをある約束にしたがって，速く正確に分類する問題で次のような作業である。

〔例　題〕　次の問題の数字が，手引のどの項に含まれるか，手引の番号で答えよ。

手引	1	2	3	4	5
	34, 58, 72	18, 56, 95	80, 35, 61	12, 49, 84	25, 67, 100

〔例題1〕　　56　　　　　正答―2

〔例題2〕　　67　　　　　　5

c　計算問題

かんたんな加減乗除の計算を速く正確に行なう問題で，次のような作業で

ある。

〔例　題〕　次の計算を行ない，計算結果の末尾の数字を答えよ。

　〔例題1〕　9＋4－5＋3－6－2　　　　正答― 3

　〔例題2〕　8＋8－6－7＋1＋1　　　　　　　5

d　置換問題

　一定の約束にしたがって，文字や記号を置き換え，速く正確に整理する問題で，次のような作業である。

〔例　題〕　次の片カナが手引によって正しく置き換えられているかどうかを調べ，誤っている個所の番号で答えよ。

（手引）	モ	ヘ	ル	シ	ハ	ミ	ヌ	テ	ウ
	7	3	5	1	4	9	2	8	6

		1	2	3	4	5	正答
〔例題1〕	ミルテヌヘ	9	5	8	2	7	5
〔例題2〕	ハシモウル	4	3	7	6	5	2

e　図形把握問題

　類似した図形を照合して，その異同を速く正確に見分ける問題で次のような作業である。

〔例　題〕　次の図形を照合して，左側の図形と同じものを右側の5つの図形から選べ。

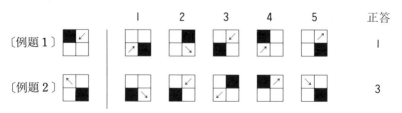

以上の5つの問題が適性試験の基本的なパターンで，ひじょうにかんたんな問題である。このほか，これらのパターンの2つを組み合わせた複合形式（たとえば計算と分類の複合など）も出題されるが，基本はこの5つの形式である。

8

4 適性試験の形式

適性試験は次のような形式で実施される。

a 適性試験は第1次試験として実施される。

地方公務員試験の場合，地方自治体によって試験種目が異なっており，適性試験を実施していないところもあるが，実施しているところでは，いずれも第1次試験として行なっている。自治体によっては，第2次試験で同名の試験を行なっている場合があるが，これは性格検査の類のもので，ここでいう「適性試験」とは違う種類のものである。国家公務員試験でも，適性試験は第1次として行なわれる。第1次試験ではこのほかに，教養試験，作文試験などが実施される。

b 出題数は120題，制限時間は15分である。

ほとんどの地方公務員試験と国家公務員試験の適性試験は，出題数120題，制限時間15分である。そして問題は，先にあげた5つの基本形式もしくはそれの複合形式のうちから3形式が，各40題ずつ出題され，それが10題ずつ交互にスパイラル形式で配列されている。つまり，〈計算10題，分類10題，図形把握10題〉というような配列が4回くり返されて計120題が出題されるわけである。この形式だと，最初の30題を解くまでに，出題形式全部にあたることになり，どの形式も速く正確に解けなければ，高得点はめざせないことになる。

このほか，政令指定都市以外の市役所では100題・10分で3形式の出題が一般的である。

c 適性試験はコンピュータで採点されるので解答方法に注意する。

適性試験の解答方法は，制限時間（15分）内に解答番号の▭を■■のように塗りつぶすものが多いので，次の点に注意する。

① 答えは2つ以上記入すると誤答になるので必ず1つだけ解答する。

② 筆記用具は必ず鉛筆，しかもＨＢに限定されている。

③ 答えをまちがえた場合は，必ずて
いねいに消しておく。また，答案用
紙には，いっさい余分なことは記入
しないこと。

ただし，地方公務員試験ではコンピュ
ータ採点せず番号（数字）を記入するタ
イプや番号に○をつけるタイプを出題す
る自治体もある。

```
┌─────────────────────────────┐
│      適性試験の解答用紙       │
│                             │
│     1    2    3    4    5    │
│  1 ▭   ▭   ▭   ▭   ▭      │
│  2 ▭   ▭   ▭   ▭   ▭      │
│  3 ▭   ▭   ▭   ▭   ▭      │
│  4 ▭   ▭   ▭   ▭   ▭      │
│  5 ▭   ▭   ▭   ▭   ▭      │
└─────────────────────────────┘
```

適 性 試 験 の 対 策

1 適性試験の練習法

"慣れ"が第一

「私の経験から，適性試験の練習は毎日行なうべきだと思います」（行政事務合格）という公務員試験合格者の感想でもわかるとおり，適性試験のキーポイントは毎日の欠かさない練習にあるようである。この点は珠算の練習によく似ているといえるだろう。ソロバンの練習も，少し止めてしまうと腕が落ちるように，適性も毎日練習することがたいせつである。

適性のコツはなんといっても"慣れ"なのである。

スピードと正確さ

適性試験ではスピードと正確さが要求されている。これは，なかなかむずかしいことである。スピードを重視すれば正確さに欠け，正確さを重視するとス

ピードが欠けてしまう。したがって，はじめから両方をねらうのではなく，最初はまず正確に解くことに重点をおく。時間を気にしないで，1題1題ていねいに解いてみる。その内に問題に慣れてきて，速く解けるようになり，正確さとスピードの両方が身につくようになる。

たくさんの問題形式に当たる

適性試験の問題の形式には，照合，分類，計算，置換，図形把握などの基本的なものと，それらが複合したやや複雑なものがあることは前にも述べた。さらに，それぞれの形式でも実にいろいろな問題があることは，本書をみればわかるとおりである。したがって，より多くの問題形式に当たって応用力をつけることがたいせつである。どんな問題でも，基本的な解答作業はそれほど変わらない。たくさんの問題形式に慣れておけば，本番の試験で少々変わった形式に出会っても，まごつくことなくマイペースの効率的な解答方法が見いだせるだろう。

本番の試験では必ず目新しい問題にあたることは覚悟しておかねばならない。今までやったことがない形式だからといって気弱になってしまうと，解ける問題も解けなくなってしまうものである。

2　最近の傾向

国家一般職［高卒］（平成23年度までは国家Ⅲ種。以下同）のここ数年の出題形式は，次表のとおりである。

年　　度	問　題　形　式
平成28年度	計算・置換・照合
平成29年度	置換＋計算・置換＋分類・置換＋置換
平成30〜令和2年度	計算・分類・照合
令和3年度	照合・図形把握・計算
令和4年度	計算・分類・照合

出題形式は３形式。毎年，形式の組合せはさまざまである。過去の出題例を見て，出題頻度の高い形式は，その検査が重視されているということでもあるので，注意すべきだろう。なお，近年，「置換＋計算」など，２つ以上の形式を組み合わせた複合問題の出題も増えているため，解答までに手間取る問題が多くなっている。

　国家一般職［高卒］では図形把握がしばらく出題されていないのが特徴である。しかし，今後は出題される可能性もあるので，練習を怠らないでほしい。

　国家一般職［社会人］〈適性試験が実施されるのは行政事務，税務のみ〉では，個々の問題は異なるものの，出題形式は国家一般職［高卒］と同形式の出題である。

3　合格のポイント

合格の決め手

　試験の結果は，教養（基礎能力）試験の成績と適性試験の成績とを総合して，高得点順に第１次試験合格者が決定される（令和４年度試験の配点比率は，行政事務の場合，教養４／９，適性２／９，作文試験１／９，人物試験２／９，税務の場合，教養２／４，適性１／４，人物試験１／４）。しかし，教養試験，適性試験，作文試験のいずれかが基準点に達しない場合は，他の試験の成績にかかわらず不合格になる。

　たとえば，教養試験がどんなによくても，適性試験が基準点（満点の30％）以下のような場合は不合格になるのである。

　過去のデータを分析すると，国家一般職［高卒］の場合，教養試験の平均点は40〜50％，適性試験は問題の難易度により平均点は異なるが，30〜50％程度と推測されるので，教養試験60〜70％，適性試験80％を目標としてほしい。

受験上の注意

適性試験を突破するためには次のような点をぜひ心得てほしい。

a　問題に着手する前に，手引や注意書きをよく読んで問題の解き方を十分にマスターする。

b　解答をすすめる順序が手引や説明に示されていたら，そのとおりにやるのが一番能率的である。

c　最初は正確さを主体に，慣れてきたらスピードを上げる。

d　必ず番号順に，抜かさず解答する。

e　あまりあせらず，隣の人を気にしない。

f　制限時間の間際に，アセってでたらめな解答をしない。

II 基本編

■基本編のねらいと要点■

▶適性試験の成績を向上させる効果的, 能率的な方法は, 概論編でも述べた通り, 数多くの問題に取り組み, 問題形式, 出題意図を把握し, 慣れることにある。そして, 短時間の内に解答できるスピードと正確さを身につけなければならない。それだけに, 日頃からの練習量が合格の成否を決定づけるのである。

▶本編はそれらの点を考慮し, **問題数, 実施時間をそれぞれ, 60題, 8分**として, 合理的に効果が上がるよう, 構成している。

▶基本編の練習にあたっての留意点は, 以下の通りである。

(1) 問題に着手する前に, 練習問題をよく読み, 解答方法を理解する。

(2) 問題のねらい, どのような適性をテストしようとしているのかを知る。

(3) スピードと正確さの調和を保ち, この編では正確さに特に注意する。

(4) 実施時間 (8分) の間に, 60〜70％解答することを目標に努力する。

▶以上の点に留意し, 基本編では一度だけでなく, 何回も試みることを心がけよう。

照　合　Ⓐ

（練習時間　5分）

――― 練 習 問 題 ―――

〔検査Ⅰ〕　次の左右の文を照合して，異なる文字の数を答えよ。ただし，まったく同じ場合は，5とする。

　たとえば，〔例題1〕では，「コ」と「則」の2つの文字が異なるので，解答らんの2の ⌐⌐ を ▬▬ のように塗りつぶす。

〔例題 1〕	ポポフ美術文化財保存局長	ポポコ美術文化則保存局長
〔例題 2〕	他の大都市でも同様に緑地	他の大都市でも同様に緑地
〔例題 3〕	当面の連合議論を退けると	当面の連会儀論を退けるそ
〔例題 4〕	第九交響曲は欧米では気軽	第九交響曲は欧米では気軽
〔例題 5〕	鎌倉新仏教の各宗祖が天台	兼倉新仏救の格宗組が天台
〔例題 6〕	異国での闘病の日々は長く	異国での開病の日々は長く
〔例題 7〕	一般市民の音楽活動参加が	一搬市民の声楽活働参加で
〔例題 8〕	活動方針案ではまず多数派	活動方針案ではまず多数派
〔例題 9〕	衆参両院同日選挙での惨敗	衆惨両院同日選誉での惨敗
〔例題10〕	主観性の勝った句が初期に	主歓性の勝った句が初勘に

解　答

| 例題1 | 2 | 例題2 | Ｉ | 例題3 | 3 | 例題4 | 5 | 例題5 | 4 |
| 例題6 | Ｉ | 例題7 | 4 | 例題8 | 5 | 例題9 | 2 | 例題10 | 3 |

〔No. 1〕	寒気が北海道から関東にか	寒汽が北海道から関車にか
〔No. 2〕	調整が短期間に成功する可	調整が短期間に成功する何
〔No. 3〕	全国的に青空が広がり行楽	全国的に青空が広がり行楽
〔No. 4〕	健康で作曲活動を続けられ	建康に作曲活動が読けられ
〔No. 5〕	両地の結びつきは大正12年	両他の姑びつきは大正12年
〔No. 6〕	多くの課題を克服しながら	多くの果題を克服しながら
〔No. 7〕	各地を奔走している若い女	各地を奔走している若い女
〔No. 8〕	家庭状況や言葉など難しい	家庭状只と言葉など勤しい
〔No. 9〕	米国の経済事情や若者の意	英国の経済事青や苦者の意
〔No. 10〕	国際的な緊張要因を取り除	国際的な緊帳悪因を取り除
〔No. 11〕	歩道橋や電柱が倒れて車両	渉道喬や雷柱が到れて車両
〔No. 12〕	情報の共有化が実現できる	情報の共有化が実現できる
〔No. 13〕	銀座の日曜日の歩行者天国	銀座の日曜日の歩行者大国
〔No. 14〕	学習教材や化粧品の訪問販	学習教林と化粧品の方問販
〔No. 15〕	男性の心理療法患者の症状	男性の心理療法患者の病状

┌─ 解　答 ──────────────────────────────┐

No. 1	2	No. 2	1	No. 3	5	No. 4	4	No. 5	2
No. 6	1	No. 7	5	No. 8	3	No. 9	3	No. 10	2
No. 11	4	No. 12	5	No. 13	1	No. 14	3	No. 15	1

〔No. 16〕　戦時中の困難な時期に花開　　　戦時中の困難な時期に花間

〔No. 17〕　能率本位の社会に生きる大　　　態率本位で社会に性きる大

〔No. 18〕　新しい価値観を持っている　　　新しい価直観を待っている

〔No. 19〕　勝つ者と負ける者を選ぶ競　　　勝つ者と負ける者を選ぶ競

〔No. 20〕　各地の裁判所で判決が出て　　　各地で裁判所の判快が出て

〔No. 21〕　十分に意味深く大切げに見　　　十分に意味深く大切げに見

〔No. 22〕　若い母親の気持を代弁した　　　若い母新の気持を伐弁して

〔No. 23〕　会社が倒産し品物が届かな　　　会社が到産し器物が届かな

〔No. 24〕　陽気な早春の情景をのどか　　　陽気な青春の情景をのどか

〔No. 25〕　子供に対して情熱的で個性　　　子共に対して静熱約で固性

〔No. 26〕　膨大な遺稿をほぼ完全な形　　　膨大な遺稿をほぼ完全な型

〔No. 27〕　黒潮の道を伝わってきた南　　　黒潮の道を伝わってきた南

〔No. 28〕　出版社には経費節減のため　　　出版社には経費箱減のため

〔No. 29〕　紺色の背広を着こんだ学生　　　緑色の背拡を着こんで学生

〔No. 30〕　知的な構成力によって統御　　　智的な講成力によって統御

解　答

No.	16	1	No.	17	3	No.	18	2	No.	19	5	No.	20	4
No.	21	5	No.	22	3	No.	23	2	No.	24	1	No.	25	4
No.	26	2	No.	27	5	No.	28	1	No.	29	3	No.	30	2

〔No. 31〕	純化された独特の美しさを	統化された独待の美しさと
〔No. 32〕	労働の相互関係や宗教を思	労動の相工関係や案教を忍
〔No. 33〕	特異な詩人の全容を明らか	特異な詩人の全容を明らか
〔No. 34〕	封建社会のように人間は選	封建社会のような人間は選
〔No. 35〕	国際金融界での評価に大き	国祭金隔界での評価に大き
〔No. 36〕	近代都市における精神病の	近代都市における精神病の
〔No. 37〕	暴力は無数の人たちを捕え	爆力は無数の人たちを浦え
〔No. 38〕	数々の探査機が宙をめぐり	楼々の深査械が届をめぐり
〔No. 39〕	最新の知識を踏まえて地球	最近の知織を路まえて地球
〔No. 40〕	西洋古代以来の家父長制が	西洋古代以来の家父長製が
〔No. 41〕	暴力的両親の子は暴力的家	暴力的両親の子も暴力的衆
〔No. 42〕	地域社会のなかの孤独感の	他減社会のなかで弧独感の
〔No. 43〕	壮大な無人境の旅は心を楽	荘大な無人境の族は心を楽
〔No. 44〕	警察が射殺者に犯意を認め	警際が謝殺者に犯意を忍め
〔No. 45〕	本書の構成は関係者の証言	本書の構成は関係者の証言

〔No. 46〕	祈りの言葉は独特のリズム		析りの言葉は独特のリズム
〔No. 47〕	南の島々の民俗伝承を鮮列		南の鳥々の民俗伝承が鮮烈
〔No. 48〕	新しい視野を私たちに提供		新しい視野に私たちに提供
〔No. 49〕	現に労働する者の目で鋭く		見に労働する者の目で鋭い
〔No. 50〕	奇妙な機械工をめぐって展		崎妙な機械功をめぐった届
〔No. 51〕	いつ竜巻が襲来するか予知		いつ竜巻が龍来するか矛知
〔No. 52〕	克明な調査と平易な文章で		克朋な調査と平揚な文章で
〔No. 53〕	著者の到達した基本的理解		著者の到達した基本的里解
〔No. 54〕	在野の思想家をも収録して		存野の思想家をも収録して
〔No. 55〕	炭鉱の再建支援を世論に訴		灰鉱の再健支暖を世輪に訴
〔No. 56〕	会社経営の構造的な欠陥を		会社経官の構造的な欠陥が
〔No. 57〕	民族の歴史を背景にして語		民族の歴史を背景にして語
〔No. 58〕	言論弾圧の体験者が欠席し		言論弾庄の体験者が欠席し
〔No. 59〕	開鉱から7年余の歴史に終		間鉱から7年除の歴史に終
〔No. 60〕	歩道にはみ出す商品を放置		歩道にはみ出す摘品を遊置

┌─ 解　答 ─────────────────────────────┐
No. 46	1	No. 47	3	No. 48	1	No. 49	2	No. 50	4
No. 51	2	No. 52	2	No. 53	1	No. 54	1	No. 55	4
No. 56	2	No. 57	5	No. 58	1	No. 59	3	No. 60	2
└──────────────────────────────────────┘

照　　合　Ⓑ

┌─ 練 習 問 題 ─────────────────────────┐

〔**検査**Ⅱ〕　次の文字の羅列のうち，すべて手引の中にある文字だけで構成
されているものがいくつあるかを答えよ。

　たとえば，〔例題1〕では，「めれに」，「さろほ」の2つだけが手引の中に
ある文字だけで構成されているものなので，解答らんの2の ▭ を ■■ の
ように塗りつぶす。

（手引）│　に　つ　さ　め　ほ　ろ　れ　│

〔例題 1〕　めれに　　ほきつ　　ろつわ　　さろほ　　れのに

〔例題 2〕　ろされ　　めれほ　　にほつ　　れめに　　ほさろ

〔例題 3〕　れつろ　　にほさ　　めつれ　　らほつ　　にめほ

〔例題 4〕　さうほ　　ろきめ　　れほさ　　めさま　　れたつ

〔例題 5〕　ぬにさ　　つれほ　　ろさめ　　ほにれ　　めちさ

〔例題 6〕　ろつほ　　めにさ　　れほろ　　されに　　はつめ

〔例題 7〕　れたろ　　にほめ　　さにち　　めほつ　　ろれほ

〔例題 8〕　つほれ　　ろさに　　めらほ　　れつき　　まにめ

〔例題 9〕　めちさ　　れほろ　　にはめ　　ろさね　　めうほ

〔例題10〕　ろつに　　さめほ　　れさつ　　ほつろ　　ほにさ

解　答

例題1	2	例題2	5	例題3	4	例題4	l	例題5	3
例題6	4	例題7	3	例題8	2	例題9	l	例題10	5

└──────────────────────────────────┘

（手引）　| の | か | り | も | ね | を | へ |

〔No. 1〕	りをへ	ねもの	かへま	とのり	へねの
〔No. 2〕	のかよ	をむへ	りもめ	ねへも	をのけ
〔No. 3〕	へぬも	かのを	ねとり	もかい	りをか
〔No. 4〕	もかの	ねをか	りをの	をもへ	ねへり
〔No. 5〕	かりね	のへも	をかふ	へよか	もねお
〔No. 6〕	へもり	をしか	ねのも	りをへ	のかも
〔No. 7〕	をかへ	ねのり	のわを	もへか	りねを
〔No. 8〕	りねま	のをか	へもな	かせり	をへあ
〔No. 9〕	もかり	へねけ	もをね	のいを	かりへ
〔No. 10〕	ねのを	りかも	をねへ	もりの	のをか
〔No. 11〕	りをく	かのね	へりも	かこを	ねりせ
〔No. 12〕	のねか	をもへ	りねを	のへり	かをへ
〔No. 13〕	をゆへ	りのれ	もかの	ねをか	へねも
〔No. 14〕	ものと	ねかり	をへけ	りまの	かそね
〔No. 15〕	へねき	をのも	ねりか	もへを	のねも

解　答

No. 1	3	No. 2	1	No. 3	2	No. 4	5	No. 5	2
No. 6	4	No. 7	4	No. 8	1	No. 9	3	No. 10	5
No. 11	2	No. 12	5	No. 13	3	No. 14	1	No. 15	4

（手引）　N　U　B　I　Y　S　K

〔No. 16〕	Y U K	B I N	S Y N	K B U	I K N
〔No. 17〕	T K N	Y U S	B N I	N Y F	S L B
〔No. 18〕	N I Y	K B V	Y S K	U N I	K N Y
〔No. 19〕	B K U	I M Y	K B S	S I K	W B N
〔No. 20〕	S N D	K Y L	Y O B	N K Y	U J S
〔No. 21〕	I B S	R U N	S K W	B Z I	H Y U
〔No. 22〕	K I B	N S H	U E Y	S K Q	B N I
〔No. 23〕	Y U S	K I N	S A K	U B N	C S Y
〔No. 24〕	U T N	S U E	I K B	N Y Z	B N F
〔No. 25〕	I K B	Y A S	B U N	Y S I	N U K
〔No. 26〕	F U Y	S B I	K N C	B K Y	I Y S
〔No. 27〕	K B I	U K N	S I Y	I U B	N B K
〔No. 28〕	S N Y	I U B	K B S	Y E U	T S N
〔No. 29〕	B I V	Y M K	U S I	K B N	N U R
〔No. 30〕	Y K L	S B Y	K N U	I U S	B D N

（手引）| ソ | タ | エ | コ | テ | ヒ | ス |

〔No. 31〕　スチソ　　コヒタ　　テクス　　エコヒ　　ナソス

〔No. 32〕　コエス　　テソヒ　　タコソ　　ステエ　　ヒコタ

〔No. 33〕　ソタテ　　スコエ　　セソタ　　コタス　　テヒツ

〔No. 34〕　ユしス　　クソチ　　コスエ　　テメヒ　　ソロス

〔No. 35〕　コワタ　　エヒヌ　　テタソ　　ヒソテ　　スタエ

〔No. 36〕　エソヒ　　ロタテ　　ンスヒ　　タナス　　コスヒ

〔No. 37〕　テスエ　　ソヒタ　　エテス　　フヒコ　　タソテ

〔No. 38〕　ヒモテ　　スコエ　　タアヒ　　ヒエサ　　ソタコ

〔No. 39〕　スソヒ　　テスコ　　ソコス　　タテエ　　タエソ

〔No. 40〕　タテコ　　ヒエソ　　コヲヒ　　テスソ　　スヒエ

〔No. 41〕　ソコス　　ノテタ　　ヒスサ　　エヒコ　　ケスタ

〔No. 42〕　セタエ　　コソテ　　スロヒ　　テタス　　タソヒ

〔No. 43〕　ソスコ　　タスヒ　　コソエ　　ヒエタ　　エタソ

〔No. 44〕　ステソ　　ヒエク　　ラタコ　　スソウ　　シヒタ

〔No. 45〕　ヒユタ　　ソナヒ　　エテヌ　　コタソ　　スオテ

─ 解　答 ─

No. 31	2	No. 32	5	No. 33	3	No. 34	1	No. 35	3
No. 36	2	No. 37	4	No. 38	2	No. 39	5	No. 40	4
No. 41	2	No. 42	3	No. 43	5	No. 44	1	No. 45	1

(手引) | t h c j m v g

〔No. 46〕 h g c   t j m   u h t   g c v   m t j

〔No. 47〕 t v b   g c t   j g m   m t j   a h v

〔No. 48〕 g c j   v m h   t j v   c h g   t v m

〔No. 49〕 w h t   c i g   h m j   g t n   j c v

〔No. 50〕 j c m   h v t   j q c   v h j   m t g

〔No. 51〕 v h g   j c m   m t g   h m c   t j c

〔No. 52〕 m e t   v g c   h v f   r j g   c h y

〔No. 53〕 c m h   t v j   g d m   u c t   h a j

〔No. 54〕 g l c   g h v   c t j   m j h   v g c

〔No. 55〕 h t v   m j c   h g t   v m g   t j m

〔No. 56〕 m g i   j b g   v c h   t g j   m v p

〔No. 57〕 v h o   g c f   n j g   h v t   j d g

〔No. 58〕 t j g   c h m   v g c   j m h   t c v

〔No. 59〕 c v m   h g t   m j g   u g t   c h j

〔No. 60〕 b g v   j c m   v p t   m r h   h t g

─ 解 答 ─

No. 46	4	No. 47	3	No. 48	5	No. 49	2	No. 50	4
No. 51	5	No. 52	1	No. 53	2	No. 54	4	No. 55	5
No. 56	2	No. 57	1	No. 58	5	No. 59	'4	No. 60	2

照　合　Ⓒ

── 練 習 問 題 ──

〔検査Ⅲ〕　次の右側の数字群に左側の4つの数字がいくつ含まれている
かを答えよ。ただし，1つも含まれていない場合は5を正解とする。

　たとえば，〔例題1〕では，3・7・5の3つが含まれているので，解答
らんの3の □ を ■■ のように塗りつぶす。

〔例題 1〕　3 7 0 5　　　　7 8 3 5 2 4
〔例題 2〕　4 8 2 6　　　　0 8 2 4 6 3
〔例題 3〕　6 4 1 9　　　　9 3 6 7 1 4
〔例題 4〕　3 2 1 7　　　　4 0 8 9 5 6
〔例題 5〕　1 3 8 6　　　　0 9 2 5 7 4
〔例題 6〕　1 9 2 6　　　　4 2 8 1 9 7
〔例題 7〕　7 3 4 5　　　　3 1 9 2 6 8
〔例題 8〕　5 8 6 1　　　　7 4 5 0 9 1
〔例題 9〕　0 6 9 7　　　　6 3 7 9 5 0
〔例題10〕　3 4 9 8　　　　2 4 0 6 5 7

解　答

例題1	3	例題2	4	例題3	4	例題4	5	例題5	5
例題6	3	例題7	I	例題8	2	例題9	4	例題10	I

27

〔No. 1〕 9 6 1 4 　　2 6 7 9 1 3

〔No. 2〕 2 8 0 6 　　4 0 2 6 8 9

〔No. 3〕 3 5 7 1 　　9 2 8 0 7 4

〔No. 4〕 4 6 8 5 　　3 8 6 7 4 5

〔No. 5〕 1 0 9 7 　　6 2 4 8 7 3

〔No. 6〕 6 2 4 3 　　1 8 3 6 5 2

〔No. 7〕 4 0 7 5 　　9 2 6 3 1 8

〔No. 8〕 9 1 5 6 　　5 8 4 0 9 7

〔No. 9〕 8 0 2 4 　　6 2 7 4 8 0

〔No. 10〕 9 7 3 1 　　4 0 6 9 1 8

〔No. 11〕 5 3 8 2 　　4 7 0 1 9 6

〔No. 12〕 9 1 6 7 　　6 4 0 7 1 8

〔No. 13〕 4 0 6 3 　　9 1 8 6 5 7

〔No. 14〕 7 9 1 4 　　5 0 9 3 7 4

〔No. 15〕 8 2 5 6 　　3 9 1 7 5 4

解　答

No. 1	3	No. 2	4	No. 3	1	No. 4	4	No. 5	1
No. 6	3	No. 7	5	No. 8	2	No. 9	4	No. 10	2
No. 11	5	No. 12	3	No. 13	1	No. 14	3	No. 15	1

〔No. 16〕 9 0 7 1   8 6 2 0 9 5

〔No. 17〕 3 8 5 2   7 4 6 9 1 0

〔No. 18〕 4 0 2 7   2 8 0 9 7 4

〔No. 19〕 5 1 8 3   9 1 5 3 6 8

〔No. 20〕 6 4 9 8   7 5 9 6 3 4

〔No. 21〕 9 8 2 6   4 1 6 5 7 3

〔No. 22〕 7 3 0 4   8 4 3 7 0 9

〔No. 23〕 5 2 8 3   4 6 7 0 9 1

〔No. 24〕 4 5 0 1   8 6 3 9 2 7

〔No. 25〕 9 7 6 0   7 1 4 0 6 9

〔No. 26〕 1 3 0 5   9 6 8 5 4 1

〔No. 27〕 6 7 9 8   2 0 7 1 5 3

〔No. 28〕 2 4 1 6   3 7 6 8 4 2

〔No. 29〕 9 5 0 3   7 4 1 5 6 8

〔No. 30〕 6 7 5 8   1 4 0 9 2 3

解　答									
No. 16	2	No. 17	5	No. 18	4	No. 19	4	No. 20	3
No. 21	1	No. 22	4	No. 23	5	No. 24	5	No. 25	4
No. 26	2	No. 27	1	No. 28	3	No. 29	1	No. 30	5

〔No. 31〕 5 0 9 1   1 4 0 5 8 9

〔No. 32〕 7 2 8 6   4 6 2 9 7 3

〔No. 33〕 1 0 2 8   6 4 1 5 0 9

〔No. 34〕 4 6 0 9   5 2 6 4 9 8

〔No. 35〕 5 3 1 7   9 7 0 6 5 4

〔No. 36〕 1 6 8 2   3 5 8 1 2 6

〔No. 37〕 9 0 3 1   6 7 2 9 4 8

〔No. 38〕 7 6 5 3   9 4 1 8 0 2

〔No. 39〕 2 4 1 9   2 6 5 9 4 8

〔No. 40〕 8 5 3 2   7 1 4 0 9 6

〔No. 41〕 6 2 0 4   7 4 8 6 0 2

〔No. 42〕 8 5 9 1   2 5 7 6 4 3

〔No. 43〕 3 7 4 8   1 9 7 5 3 6

〔No. 44〕 1 5 2 3   8 3 1 7 2 5

〔No. 45〕 9 6 0 7   4 0 9 6 1 8

〔No. 46〕　6 8 2 1　　　9 5 1 7 8 3

〔No. 47〕　9 3 2 7　　　8 0 7 1 6 4

〔No. 48〕　1 2 9 5　　　7 4 0 8 3 6

〔No. 49〕　3 0 8 1　　　4 9 7 2 5 8

〔No. 50〕　6 7 4 2　　　3 7 9 6 2 4

〔No. 51〕　5 4 7 3　　　9 8 0 6 2 1

〔No. 52〕　8 9 3 4　　　1 0 9 8 6 2

〔No. 53〕　6 1 5 2　　　4 2 1 7 6 3

〔No. 54〕　7 1 9 8　　　4 0 5 2 3 6

〔No. 55〕　6 7 3 4　　　8 9 2 1 7 5

〔No. 56〕　3 0 9 5　　　5 1 8 9 3 7

〔No. 57〕　1 7 4 8　　　3 0 9 4 7 6

〔No. 58〕　2 0 5 3　　　7 3 0 9 5 2

〔No. 59〕　4 1 7 6　　　8 7 4 0 1 6

〔No. 60〕　5 3 0 8　　　1 5 7 8 4 3

── 解　答 ──									
No. 46	2	No. 47	1	No. 48	5	No. 49	1	No. 50	4
No. 51	5	No. 52	2	No. 53	3	No. 54	5	No. 55	1
No. 56	3	No. 57	2	No. 58	4	No. 59	4	No. 60	3

照　合　D

──練習問題──

〔**検査Ⅳ**〕　次の左右の問題を比較して，その誤っている個所をみつけ，誤りが氏名であれば**1**，出身地であれば**2**，生まれた年であれば**3**，出身校であれば**4**，まったく誤りがなければ**5**を正解とせよ。

たとえば，〔例題1〕では，生まれた年が誤っているので，解答らんの**3**の□を■のように塗りつぶす。

〔例題1〕	市原	大阪	昭15	北野高		市原	大阪	昭13	北野高
〔例題2〕	山下	島根	昭4	城北高		山田	島根	昭4	城北高
〔例題3〕	今吉	熊本	昭20	青山高		今吉	熊本	昭20	緑山高
〔例題4〕	石井	東京	大6	豊山高		石井	東京	大9	豊山高
〔例題5〕	常山	新潟	昭11	柏崎高		常山	新潟	大11	柏崎高
〔例題6〕	船山	宮城	明10	仙台高		船川	宮城	明10	仙台高
〔例題7〕	遠藤	長野	大8	飯山高		遠藤	福島	大8	飯山高
〔例題8〕	中西	群馬	昭2	西川高		中西	群馬	昭2	北川高
〔例題9〕	高野	埼玉	昭32	浦和高		高野	栃木	昭32	浦和高
〔例題10〕	西村	岩手	昭21	武蔵高		西村	岩手	昭21	武蔵高

解　答

例題1	3	例題2	1	例題3	4	例題4	3	例題5	3
例題6	1	例題7	2	例題8	4	例題9	2	例題10	5

〔No. 1〕	藤井	愛媛	昭27	東伯高	藤井	愛知	昭27	東伯高
〔No. 2〕	植村	新潟	大13	栗駒高	植村	新潟	大13	栗駒高
〔No. 3〕	丸田	茨城	昭4	沼沢高	田丸	茨城	昭4	沼沢高
〔No. 4〕	河井	群馬	明36	小倉高	河井	群馬	明36	戸倉高
〔No. 5〕	掘池	島根	昭32	筑後高	掘池	島根	昭23	筑後高
〔No. 6〕	中津	兵庫	大9	千歳高	中津	兵庫	大9	千葉高
〔No. 7〕	木村	栃木	昭16	江津高	山村	栃木	昭16	江津高
〔No. 8〕	久米	宮崎	昭29	桜丘高	久米	宮崎	昭29	桜丘高
〔No. 9〕	上坊	山梨	明43	加茂高	上坊	山形	明43	加茂高
〔No. 10〕	松本	長崎	大5	垂井高	松本	長野	大5	垂井高
〔No. 11〕	下田	熊本	昭38	松浦高	下田	熊本	昭38	松浦高
〔No. 12〕	寺沢	大阪	昭19	大津高	寺沢	大阪	昭19	八津高
〔No. 13〕	佐藤	佐賀	明41	清徳高	伊藤	佐賀	明41	清徳高
〔No. 14〕	黒金	鳥取	昭27	盛岡高	黒金	鳥取	昭29	盛岡高
〔No. 15〕	大野	福岡	昭15	河村高	大野	福島	昭15	河村高

解　答

No. 1	2	No. 2	5	No. 3	1	No. 4	4	No. 5	3
No. 6	4	No. 7	1	No. 8	5	No. 9	2	No. 10	2
No. 11	5	No. 12	4	No. 13	1	No. 14	3	No. 15	2

〔No. 16〕	田中	山口	昭43	東海高		中田	山口	昭43	東海高
〔No. 17〕	赤沢	滋賀	明8	倉吉高		赤沢	滋賀	明9	倉吉高
〔No. 18〕	北尾	秋田	昭35	深志高		北尾	秋田	昭35	深井高
〔No. 19〕	門脇	岐阜	昭17	聖道高		門脇	岐阜	昭17	聖道高
〔No. 20〕	東道	岡山	大6	上総高		東道	富山	大6	上総高
〔No. 21〕	陷本	宮崎	昭36	松坂高		陷木	宮崎	昭36	松坂高
〔No. 22〕	望月	福島	大9	豊前高		望月	福島	大9	豊後高
〔No. 23〕	長井	東京	明28	防府高		長井	東京	明28	防府高
〔No. 24〕	塚本	石川	昭7	高瀬高		塚本	石川	昭9	高瀬高
〔No. 25〕	松田	山形	明14	新城高		村田	山形	明14	新城高
〔No. 26〕	池上	愛知	昭39	阿南高		池上	愛知	昭39	阿南高
〔No. 27〕	藤沼	富山	昭8	北条高		藤沼	富山	昭8	上条高
〔No. 28〕	小野	栃木	昭23	矢板高		小野	栃木	昭32	矢板高
〔No. 29〕	竹森	鳥取	大11	江刺高		竹森	島根	大11	江刺高
〔No. 30〕	木下	茨城	昭47	塚原高		大下	茨城	昭47	塚原高

〔No. 31〕	田原	京都	昭16	遠野高	田原	京都	昭17	遠野高
〔No. 32〕	石崎	青森	明32	東城高	石崎	青森	明32	東成高
〔No. 33〕	村松	宮崎	昭29	須崎高	村松	宮城	昭29	須崎高
〔No. 34〕	板倉	佐賀	昭46	沼田高	板倉	佐賀	昭46	沼田高
〔No. 35〕	吉沢	広島	大 7	門司高	吉沢	徳島	大 7	門司高
〔No. 36〕	北村	埼玉	昭37	綾部高	北村	埼玉	昭39	綾部高
〔No. 37〕	藤井	宮城	昭14	登戸高	藤井	宮城	昭14	登戸高
〔No. 38〕	生田	福井	昭26	富岡高	上田	福井	昭26	富岡高
〔No. 39〕	高野	岡山	大13	藤枝高	高野	岡山	大13	藤沢高
〔No. 40〕	菊池	滋賀	明39	昭島高	菊池	佐賀	明39	昭島高
〔No. 41〕	青柳	徳島	明38	門真高	青柳	徳島	明38	門真高
〔No. 42〕	瀬戸	岩手	昭24	宮津高	瀬戸	岩手	昭42	宮津高
〔No. 43〕	川上	宮城	昭43	高尾高	川上	宮城	昭43	尾高高
〔No. 44〕	村田	岐阜	明17	安来高	林田	岐阜	明17	安来高
〔No. 45〕	下村	兵庫	大 4	江別高	上村	兵庫	大 4	江別高

解　答

No. 31	3	No. 32	4	No. 33	2	No. 34	5	No. 35	2
No. 36	3	No. 37	5	No. 38	1	No. 39	4	No. 40	2
No. 41	5	No. 42	3	No. 43	4	No. 44	1	No. 45	1

〔No. 46〕	野中	群馬	明18	港北高	野中	群馬	明13	港北高
〔No. 47〕	山名	奈良	昭17	今治高	山名	奈良	昭17	今西高
〔No. 48〕	宮本	大分	昭31	角田高	宮本	大阪	昭31	角田高
〔No. 49〕	佐川	千葉	昭29	相馬高	佐川	千葉	昭29	相馬高
〔No. 50〕	長田	静岡	明42	富士高	長田	静岡	明42	富士高
〔No. 51〕	松村	高知	昭41	武生高	松村	高知	昭14	武生高
〔No. 52〕	奥田	長野	大12	佐伯高	奥田	長野	大12	宇佐高
〔No. 53〕	山崎	香川	昭28	長浜高	山崎	石川	昭28	長浜高
〔No. 54〕	渡辺	秋田	昭30	池田高	田辺	秋田	昭30	池田高
〔No. 55〕	横溝	京都	昭6	名張高	横溝	京都	昭6	名張高
〔No. 56〕	大西	佐賀	明41	真岡高	大内	佐賀	明41	真岡高
〔No. 57〕	渋谷	福島	大14	越谷高	渋谷	徳島	大14	越谷高
〔No. 58〕	加藤	三重	昭28	守山高	加藤	三重	昭18	守山高
〔No. 59〕	安井	新潟	明37	鹿屋高	安井	新潟	明37	鹿島高
〔No. 60〕	竹内	山口	昭12	磐田高	竹内	山口	昭21	磐田高

分　類　Ⓐ

（練習時間　5分）

―― 練 習 問 題 ――

〔検査Ⅰ〕　次に与えられた数字が，手引のどのらんに含まれるかを答え
よ。

　たとえば，〔例題1〕では，2551は1の2542〜2737　に含まれるので，1
の □ を ■■ のように塗りつぶす。

（手引）	1	2	3	4	5
	1124〜1288	1289〜1345	1346〜1531	1532〜1871	1872〜1998
	2542〜2737	2738〜2973	2974〜3424	3425〜3735	3736〜3781
	3792〜4224	4225〜4571	4572〜5091	5092〜5243	5244〜5303
	5304〜6011	6012〜7859	7860〜8910	8911〜9438	9439〜9999

〔例題 1〕　2551

〔例題 2〕　5003

〔例題 3〕　9014

〔例題 4〕　3849

〔例題 5〕　3410

〔例題 6〕　1897

〔例題 7〕　5302

〔例題 8〕　7789

〔例題 9〕　3322

〔例題10〕　1333

解　答

例題1	1	例題2	3	例題3	4	例題4	1	例題5	3
例題6	5	例題7	5	例題8	2	例題9	3	例題10	2

	1	2	3	4	5
手	1001〜1127	1128〜1259	1260〜1333	1334〜1481	1482〜1614
	1615〜1747	1748〜1883	1884〜1953	1954〜2166	2167〜2295
引	2296〜2382	2383〜2472	2473〜2506	2507〜2645	2646〜2709
	2710〜2824	2825〜2913	2914〜3055	3056〜3248	3249〜3499

〔No. 1〕 2371

〔No. 2〕 1763

〔No. 3〕 2491

〔No. 4〕 1404

〔No. 5〕 2719

〔No. 6〕 3023

〔No. 7〕 3333

〔No. 8〕 2246

〔No. 9〕 1108

〔No. 10〕 2584

〔No. 11〕 2385

〔No. 12〕 3011

〔No. 13〕 2001

〔No. 14〕 1579

〔No. 15〕 1856

―― 解　答 ――
No. 1	1	No. 2	2	No. 3	3	No. 4	4	No. 5	1
No. 6	3	No. 7	5	No. 8	5	No. 9	1	No. 10	4
No. 11	2	No. 12	3	No. 13	4	No. 14	5	No. 15	2

	1	2	3	4	5
（手引）	5001～5280	5281～5465	5466～5621	5622～5889	5890～6031
	6032～6173	6174～6391	6392～6584	6585～6707	6708～6966
	6967～7348	7349～7506	7507～7777	7778～7912	7913～8262
	8263～8405	8406～8614	8615～8938	8939～9357	9358～9999

〔No. 16〕 9217

〔No. 17〕 7404

〔No. 18〕 8626

〔No. 19〕 8355

〔No. 20〕 5911

〔No. 21〕 8008

〔No. 22〕 7783

〔No. 23〕 6065

〔No. 24〕 5415

〔No. 25〕 6444

〔No. 26〕 5722

〔No. 27〕 7648

〔No. 28〕 5526

〔No. 29〕 6598

〔No. 30〕 8348

解　答

No. 16	4	No. 17	2	No. 18	3	No. 19	1	No. 20	5
No. 21	5	No. 22	4	No. 23	1	No. 24	2	No. 25	3
No. 26	4	No. 27	3	No. 28	3	No. 29	4	No. 30	1

	1	2	3	4	5
（手引）	1001～1255	1256～1414	1415～1623	1624～1842	1843～2179
	2180～2317	2318～2573	2574～2702	2703～2971	2972～3206
	3207～3434	3435～3651	3652～3930	3931～4288	4289～4413
	4414～4589	4590～4627	4628～4747	4748～4829	4830～4999

〔No. 31〕　2015

〔No. 32〕　1173

〔No. 33〕　3959

〔No. 34〕　3003

〔No. 35〕　4625

〔No. 36〕　1561

〔No. 37〕　2817

〔No. 38〕　4403

〔No. 39〕　3835

〔No. 40〕　4524

〔No. 41〕　2551

〔No. 42〕　4371

〔No. 43〕　3549

〔No. 44〕　1313

〔No. 45〕　4790

解　答

No. 31	5	No. 32	1	No. 33	4	No. 34	5	No. 35	2
No. 36	3	No. 37	4	No. 38	5	No. 39	3	No. 40	1
No. 41	2	No. 42	5	No. 43	2	No. 44	2	No. 45	4

	1	2	3	4	5
（手引）	1001～1503	1504～2212	2213～2456	2457～3089	3090～3891
	3892～4244	4245～4984	4985～5614	5615～6021	6022～6999
	7000～7365	7366～7984	7985～8045	8046～8238	8239～8427
	8428～8612	8613～8966	8967～9333	9334～9656	9657～9999

〔No. 46〕 2587

〔No. 47〕 8014

〔No. 48〕 3543

〔No. 49〕 8076

〔No. 50〕 6006

〔No. 51〕 1318

〔No. 52〕 6753

〔No. 53〕 7598

〔No. 54〕 7251

〔No. 55〕 5235

〔No. 56〕 8717

〔No. 57〕 8040

〔No. 58〕 6877

〔No. 59〕 4513

〔No. 60〕 8712

解　答

No. 46	4	No. 47	3	No. 48	5	No. 49	4	No. 50	4
No. 51	1	No. 52	5	No. 53	2	No. 54	1	No. 55	3
No. 56	2	No. 57	3	No. 58	5	No. 59	2	No. 60	2

分 類 ⒝

── 練 習 問 題 ──

〔検査Ⅱ〕　手引の分類表に従って，与えられた文字と数字の両方が含まれる欄をみつけ，その番号1〜5を答えよ。

　たとえば，〔例題1〕では，「て」は縦らん「ち〜の」に含まれ，「152」は横らん「149〜170」に含まれる。その両方が交差するらんの番号は4なので，解答らんの4の □ を ■■ のように塗りつぶす。

（手引）	数字　文字	136〜148　171〜183	149〜170　113〜135	101〜112　184〜199
	け〜た	4	5	3
	あ〜く	3	1	5
	ち〜の	2	4	1

〔例題 1〕　て─152

〔例題 2〕　す─188

〔例題 3〕　ぬ─107

〔例題 4〕　し─173

〔例題 5〕　な─141

〔例題 6〕　う─164

〔例題 7〕　た─129

〔例題 8〕　ね─138

〔例題 9〕　に─190

〔例題10〕　い─145

解　答

| 例題1 | 4 | 例題2 | 3 | 例題3 | l | 例題4 | 4 | 例題5 | 2 |
| 例題6 | l | 例題7 | 5 | 例題8 | 2 | 例題9 | l | 例題10 | 3 |

（手引）	数字　220～235 文字　　248～263	264～278 201～219	236～247 279～298
あ～け	5	2	1
て～の	1	4	2
こ～つ	4	5	3

〔No. 1〕　く―213

〔No. 2〕　に―256

〔No. 3〕　う―233

〔No. 4〕　ね―276

〔No. 5〕　そ―243

〔No. 6〕　お―280

〔No. 7〕　せ―267

〔No. 8〕　な―239

〔No. 9〕　さ―291

〔No. 10〕　え―208

〔No. 11〕　い―252

〔No. 12〕　ぬ―274

〔No. 13〕　ち―229

〔No. 14〕　か―217

〔No. 15〕　す―286

解　答

No. 1　2	No. 2　1	No. 3　5	No. 4　4	No. 5　3
No. 6　1	No. 7　5	No. 8　2	No. 9　3	No. 10　2
No. 11　5	No. 12　4	No. 13　4	No. 14　2	No. 15　3

（手引）	数字 文字	352〜370 320〜337	338〜351 385〜399	302〜319 371〜384
	め〜り	1	4	3
	る〜ん	5	2	4
	は〜む	3	1	5

〔No. 16〕　ゆ—367

〔No. 17〕　ふ—382

〔No. 18〕　る—348

〔No. 19〕　み—325

〔No. 20〕　り—314

〔No. 21〕　わ—373

〔No. 22〕　ひ—350

〔No. 23〕　れ—332

〔No. 24〕　へ—306

〔No. 25〕　よ—359

〔No. 26〕　ろ—391

〔No. 27〕　も—377

〔No. 28〕　ほ—389

〔No. 29〕　ら—343

〔No. 30〕　は—318

解　答

No. 16　1	No. 17　5	No. 18　2	No. 19　3	No. 20　3
No. 21　4	No. 22　1	No. 23　5	No. 24　5	No. 25　1
No. 26　2	No. 27　3	No. 28　1	No. 29　4	No. 30　5

〔手引〕	数字 文字	601～614 650～672	682～698 635～649	673～681 615～634
	ツ～ノ	2	3	5
	ア～キ	4	1	3
	ク～チ	5	2	4

〔No. 31〕 ウ―612

〔No. 32〕 シ―637

〔No. 33〕 ネ―626

〔No. 34〕 ト―663

〔No. 35〕 オ―689

〔No. 36〕 サ―617

〔No. 37〕 ニ―641

〔No. 38〕 ケ―654

〔No. 39〕 イ―695

〔No. 40〕 ナ―604

〔No. 41〕 コ―678

〔No. 42〕 テ―636

〔No. 43〕 ノ―620

〔No. 44〕 エ―653

〔No. 45〕 ス―685

―― 解 答 ――

No. 31	4	No. 32	2	No. 33	5	No. 34	2	No. 35	1
No. 36	4	No. 37	3	No. 38	5	No. 39	1	No. 40	2
No. 41	4	No. 42	3	No. 43	5	No. 44	4	No. 45	2

（手引）	数字 文字	749〜760 721〜736	702〜720 777〜799	737〜748 761〜776
	ハ〜ミ	3	5	1
	リ〜ン	2	3	5
	ム〜ラ	1	4	2

〔No. 46〕 メ—784

〔No. 47〕 ワ—732

〔No. 48〕 ヘ—763

〔No. 49〕 ヨ—746

〔No. 50〕 レ—711

〔No. 51〕 フ—795

〔No. 52〕 ユ—757

〔No. 53〕 ホ—742

〔No. 54〕 ヤ—779

〔No. 55〕 ヒ—726

〔No. 56〕 ロ—771

〔No. 57〕 マ—730

〔No. 58〕 ヲ—768

〔No. 59〕 ル—754

〔No. 60〕 モ—739

解 答

No. 46	4	No. 47	2	No. 48	1	No. 49	2	No. 50	3
No. 51	5	No. 52	1	No. 53	1	No. 54	4	No. 55	3
No. 56	5	No. 57	3	No. 58	5	No. 59	2	No. 60	2

分　類　[C]

―― 練 習 問 題 ――

〔検査Ⅲ〕　次の問題と同じアルファベットが，手引のどのらんに含まれているかを答えよ。

　たとえば，〔例題1〕では，NOCLは手引の2に含まれているので，2の □ を ■ のように塗りつぶす。

<table>
<tr><td rowspan="5">（手引）</td><td>1</td><td>2</td><td>3</td><td>4</td><td>5</td></tr>
<tr><td>N Q R O</td><td>N O C L</td><td>Q S E M</td><td>O S L W</td><td>N M L A</td></tr>
<tr><td>R S L P</td><td>P S W Y</td><td>N O Q S</td><td>Q W P A</td><td>R E A W</td></tr>
<tr><td>K O P Q</td><td>Q S W E</td><td>S R P E</td><td>A P Q S</td><td>E S W A</td></tr>
<tr><td>S O C L</td><td>R N O P</td><td>Y W N R</td><td>R A S R</td><td>R O S H</td></tr>
</table>

〔例題 1〕　N O C L

〔例題 2〕　N O Q S

〔例題 3〕　E S W A

〔例題 4〕　R S L P

〔例題 5〕　Q W P A

〔例題 6〕　S R P E

〔例題 7〕　N M L A

〔例題 8〕　O S L W

〔例題 9〕　R N O P

〔例題10〕　K O P Q

解　答

例題1	2	例題2	3	例題3	5	例題4	1	例題5	4
例題6	3	例題7	5	例題8	4	例題9	2	例題10	1

	1	2	3	4	5
手引	S P N M	N O C A	L I G K	E M F C	D B X U
	F J Z K	O L T V	W X H K	I J P Q	E B A S
	T W Y L	H G C F	Q U R X	L B D Z	Y C S N
	E L O P	F Q V W	F R T A	G O U V	Z H F L

〔No. 1〕 W X H K

〔No. 2〕 H G C F

〔No. 3〕 L B D Z

〔No. 4〕 D B X U

〔No. 5〕 E L O P

〔No. 6〕 N O C A

〔No. 7〕 Y C S N

〔No. 8〕 F J Z K

〔No. 9〕 L I G K

〔No. 10〕 G O U V

〔No. 11〕 F R T A

〔No. 12〕 E M F C

〔No. 13〕 Z H F L

〔No. 14〕 S P N M

〔No. 15〕 O L T V

解 答

No. 1	3	No. 2	2	No. 3	4	No. 4	5	No. 5	1
No. 6	2	No. 7	5	No. 8	1	No. 9	3	No. 10	4
No. 11	3	No. 12	4	No. 13	5	No. 14	1	No. 15	2

48

	1	2	3	4	5
（手引）	Z Y X W	G F E D	V W Y Z	V X A F	N M L K
	L K J I	S T N M	G H I J	H G F E	P O N M
	A B C D	X A G H	D C B A	D G J K	B A R Q
	I H K L	R Q P O	U T S R	O P Q R	V U T S

〔No. 16〕　H G F E

〔No. 17〕　X A G H

〔No. 18〕　I H K L

〔No. 19〕　V U T S

〔No. 20〕　V X A F

〔No. 21〕　U T S R

〔No. 22〕　N M L K

〔No. 23〕　R Q P O

〔No. 24〕　L K J I

〔No. 25〕　D C B A

〔No. 26〕　O P Q R

〔No. 27〕　G F E D

〔No. 28〕　I H K L

〔No. 29〕　D G J K

〔No. 30〕　G H I J

―― 解　答 ――

No. 16	4	No. 17	2	No. 18	1	No. 19	5	No. 20	4
No. 21	3	No. 22	5	No. 23	2	No. 24	1	No. 25	3
No. 26	4	No. 27	2	No. 28	1	No. 29	4	No. 30	3

	1	2	3	4	5
手引	Z A C E	X Z P E	O G H L	A D H Z	M O Q S
	W Y C Z	B D F H	U I E A	W C E G	A F J B
	H L M P	G I K M	J L N P	K M N R	V W I K
	O Q S U	V Z Q R	V W J C	R T V X	G K X V

〔No. 31〕 G I K M

〔No. 32〕 H L M P

〔No. 33〕 U I E A

〔No. 34〕 X Z P E

〔No. 35〕 V W I K

〔No. 36〕 R T V X

〔No. 37〕 Z A C E

〔No. 38〕 A F J B

〔No. 39〕 V W J C

〔No. 40〕 K M N R

〔No. 41〕 V Z Q R

〔No. 42〕 A D H Z

〔No. 43〕 O G H L

〔No. 44〕 M O Q S

〔No. 45〕 J L N P

解　答

No. 31	2	No. 32	1	No. 33	3	No. 34	2	No. 35	5
No. 36	4	No. 37	1	No. 38	5	No. 39	3	No. 40	4
No. 41	2	No. 42	4	No. 43	3	No. 44	5	No. 45	3

	1	2	3	4	5
（手引）	J N U B	I F N O	B I L U	X E S O	U L I G
	X T W I	K B T Y	T R K G	C P U K	A S P H
	Y M L T	S L F A	D B Q C	M J F X	C Y R O
	Z V K C	V E Y J	S V F A	V Q D F	G B V N

〔No. 46〕 Z V K C

〔No. 47〕 C Y R O

〔No. 48〕 S V F A

〔No. 49〕 I F N O

〔No. 50〕 C P U K

〔No. 51〕 A S P H

〔No. 52〕 Y M L T

〔No. 53〕 V E Y J

〔No. 54〕 X E S O

〔No. 55〕 T R K G

〔No. 56〕 J N U B

〔No. 57〕 K B T Y

〔No. 58〕 D B Q C

〔No. 59〕 G B V N

〔No. 60〕 M J F X

— 解 答 —

No. 46	1	No. 47	5	No. 48	3	No. 49	2	No. 50	4
No. 51	5	No. 52	1	No. 53	2	No. 54	4	No. 55	3
No. 56	1	No. 57	2	No. 58	3	No. 59	5	No. 60	4

計　算　Ⓐ

───**練 習 問 題**───

〔**検査Ⅰ**〕　次の問題を計算せよ。ただし答えは1〜5までの1桁の数字であるが，2桁になった場合は，下1桁の数字を答えとする。

　たとえば，〔例題1〕では計算した結果，答えは5となるので，解答らんの5の ⬜ を ▬ のように塗りつぶす。

〔例題 1〕　$2 + 5 + 7 - 4 - 8 + 4 + 8 - 9$

〔例題 2〕　$3 + 2 + 4 + 6 - 5 + 2 - 6 - 3$

〔例題 3〕　$8 - 4 + 3 + 8 - 1 + 3 + 7 + 1$

〔例題 4〕　$6 + 9 + 4 - 6 - 5 + 3 + 2 - 2$

〔例題 5〕　$9 - 6 + 3 + 1 - 2 + 7 + 8 + 5$

〔例題 6〕　$5 + 2 - 1 + 3 - 6 + 4 - 2 - 4$

〔例題 7〕　$1 + 7 + 8 - 6 - 2 + 8 - 6 + 2$

〔例題 8〕　$8 - 6 + 9 + 7 + 9 + 2 - 1 + 3$

〔例題 9〕　$8 - 2 - 4 + 3 + 9 + 8 - 6 + 6$

〔例題10〕　$7 + 4 + 8 - 9 - 6 + 1 + 9 + 9$

解　答

例題1	5	例題2	3	例題3	5	例題4	l	例題5	5
例題6	l	例題7	2	例題8	l	例題9	2	例題10	3

〔No. 1〕 3 − 1 + 5 + 4 − 9 − 1 + 8 − 5

〔No. 2〕 8 + 6 − 3 + 5 + 2 − 7 − 3 − 6

〔No. 3〕 1 + 5 + 9 + 4 − 6 + 2 − 9 − 5

〔No. 4〕 4 − 3 − 1 + 8 + 3 + 9 − 7 − 8

〔No. 5〕 2 + 7 − 3 − 5 + 6 − 5 + 2 + 1

〔No. 6〕 5 + 9 − 3 + 8 + 4 − 8 − 9 − 5

〔No. 7〕 6 − 4 − 1 + 3 − 2 + 4 − 5 + 2

〔No. 8〕 9 + 3 + 7 + 1 − 6 + 4 + 3 + 1

〔No. 9〕 3 + 5 − 6 + 8 + 7 − 9 − 8 + 5

〔No. 10〕 1 + 3 + 5 − 2 + 8 − 4 + 6 − 3

〔No. 11〕 4 + 8 − 6 − 5 + 4 + 9 + 1 + 7

〔No. 12〕 7 + 7 + 2 − 6 + 8 + 4 − 1 − 7

〔No. 13〕 2 − 1 + 5 − 3 + 6 + 6 + 2 + 5

〔No. 14〕 5 + 4 − 3 − 2 + 7 + 2 + 6 + 4

〔No. 15〕 8 − 1 − 6 + 8 + 5 + 2 − 9 + 4

解 答

No. 1	4	No. 2	2	No. 3	1	No. 4	5	No. 5	5
No. 6	1	No. 7	3	No. 8	2	No. 9	5	No. 10	4
No. 11	2	No. 12	4	No. 13	2	No. 14	3	No. 15	1

〔No. 16〕　　6 − 3 + 8 − 4 − 2 − 5 + 1 + 4

〔No. 17〕　　1 + 2 + 9 − 7 − 3 + 8 + 6 + 7

〔No. 18〕　　3 − 1 + 4 − 3 + 8 + 5 − 7 − 5

〔No. 19〕　　9 + 9 + 6 + 5 + 8 − 2 + 3 + 4

〔No. 20〕　　2 + 5 − 4 − 2 + 6 − 3 − 3 + 1

〔No. 21〕　　4 − 3 + 8 + 6 + 1 − 9 − 4 − 2

〔No. 22〕　　5 − 3 + 5 − 6 + 3 + 2 + 7 + 1

〔No. 23〕　　7 − 2 − 4 − 1 + 6 + 5 − 4 − 4

〔No. 24〕　　1 + 5 + 7 + 9 + 3 − 8 + 3 + 1

〔No. 25〕　　3 + 6 − 5 − 2 + 1 + 8 + 3 + 1

〔No. 26〕　　6 − 3 − 2 + 4 + 5 − 7 + 6 − 8

〔No. 27〕　　4 + 9 + 3 − 8 − 3 + 6 − 7 − 2

〔No. 28〕　　8 − 2 − 4 − 1 + 9 + 5 + 8 + 1

〔No. 29〕　　5 + 6 − 7 + 3 + 2 − 8 + 2 + 2

〔No. 30〕　　2 − 1 + 4 + 8 − 6 − 5 + 7 − 6

解　答									
No. 16	5	No. 17	3	No. 18	4	No. 19	2	No. 20	2
No. 21	1	No. 22	4	No. 23	3	No. 24	1	No. 25	5
No. 26	1	No. 27	2	No. 28	4	No. 29	5	No. 30	3

〔No. 31〕　3 + 9 − 7 − 1 − 3 + 4 + 6 + 3

〔No. 32〕　6 + 2 − 5 − 1 + 7 + 9 + 6 + 7

〔No. 33〕　5 − 1 − 2 + 8 − 6 − 1 + 9 − 8

〔No. 34〕　9 + 2 + 5 + 6 + 3 + 8 − 9 − 9

〔No. 35〕　4 − 3 + 4 + 2 − 5 − 1 + 6 − 5

〔No. 36〕　1 + 7 + 4 − 9 − 2 + 7 + 6 + 9

〔No. 37〕　8 − 1 − 5 − 1 + 6 − 3 − 2 − 1

〔No. 38〕　3 + 2 + 9 + 7 + 8 + 6 + 4 − 7

〔No. 39〕　2 + 8 − 7 + 6 + 5 − 4 − 9 + 3

〔No. 40〕　5 + 1 − 6 + 3 + 7 − 8 − 2 + 5

〔No. 41〕　1 + 5 + 7 − 9 − 2 + 3 + 4 + 4

〔No. 42〕　4 − 2 + 6 − 5 − 2 + 3 + 2 − 5

〔No. 43〕　9 + 8 + 7 + 6 − 4 − 8 − 2 + 6

〔No. 44〕　6 + 1 − 4 + 5 + 6 − 9 − 2 + 8

〔No. 45〕　3 + 3 + 4 + 7 − 8 − 5 + 6 − 5

解　　答

No. 31	4	No. 32	1	No. 33	4	No. 34	5	No. 35	2
No. 36	3	No. 37	1	No. 38	2	No. 39	4	No. 40	5
No. 41	3	No. 42	1	No. 43	2	No. 44	1	No. 45	5

〔No. 46〕　7 − 5 + 6 − 2 + 3 − 4 + 8 + 1

〔No. 47〕　5 − 1 − 2 + 8 − 6 − 3 + 5 − 4

〔No. 48〕　2 + 6 + 8 + 5 − 9 + 8 + 6 − 3

〔No. 49〕　4 + 5 + 1 − 5 − 4 + 7 − 5 − 2

〔No. 50〕　8 − 6 + 4 + 3 − 2 + 7 − 9 + 6

〔No. 51〕　3 + 8 + 4 − 6 + 5 − 8 − 3 + 2

〔No. 52〕　6 − 5 + 7 − 4 + 2 + 9 − 6 − 6

〔No. 53〕　1 + 6 − 3 + 8 − 4 − 5 + 7 + 4

〔No. 54〕　2 + 5 + 7 + 9 − 5 + 8 + 3 + 2

〔No. 55〕　7 + 1 − 6 − 2 + 6 − 3 + 4 + 5

〔No. 56〕　5 − 3 − 1 + 6 − 4 + 5 + 8 − 1

〔No. 57〕　4 + 9 − 7 + 3 − 5 + 8 − 2 + 3

〔No. 58〕　6 − 2 − 1 + 7 + 4 + 9 + 6 − 5

〔No. 59〕　8 + 7 + 6 − 3 − 5 + 4 − 7 + 1

〔No. 60〕　1 + 8 + 3 + 4 − 7 − 1 − 3 − 3

解　答									
No. 46	4	No. 47	2	No. 48	3	No. 49	I	No. 50	I
No. 51	5	No. 52	3	No. 53	4	No. 54	I	No. 55	2
No. 56	5	No. 57	3	No. 58	4	No. 59	I	No. 60	2

計　算 Ⓑ

── 練 習 問 題 ──

〔**検査**Ⅱ〕　次の問題の左右の項をそれぞれ計算し，その差を求めよ。

　たとえば，〔例題1〕では，左項の計算結果が7，右項の計算結果が6になり，その差が1となる。解答らんの1の ⬜ を ■■ のように塗りつぶす。

〔例題 1〕　$3＋4＋7－9＋2$　　　$8－2＋6－4－2$

〔例題 2〕　$6＋8－2＋4－3$　　　$7＋3＋5＋4－8$

〔例題 3〕　$7－4＋8＋1－3$　　　$8＋7＋3－9＋3$

〔例題 4〕　$8＋5－1＋3－9$　　　$3＋8＋7－7－1$

〔例題 5〕　$3＋9＋4－1－8$　　　$7＋9－8－2－1$

〔例題 6〕　$2＋1＋6－3＋7$　　　$4＋5＋9－6＋6$

〔例題 7〕　$1＋6－3＋5－5$　　　$1＋5－3＋6－4$

〔例題 8〕　$9－8＋3＋6＋8$　　　$5－4＋8＋7＋3$

〔例題 9〕　$4＋9＋7＋3－4$　　　$9－6－1＋3＋9$

〔例題10〕　$5＋8＋2－6＋2$　　　$2＋4－2＋9＋1$

解　答

例題1	1	例題2	2	例題3	3	例題4	4	例題5	2
例題6	5	例題7	1	例題8	1	例題9	5	例題10	3

〔No. 1〕 $4 - 3 + 5 + 2 + 6$ $2 + 9 - 6 - 4 + 8$

〔No. 2〕 $7 + 6 - 3 - 2 + 8$ $3 - 4 - 2 + 7 + 9$

〔No. 3〕 $2 + 1 - 6 + 7 + 3$ $8 - 5 + 7 - 3 + 1$

〔No. 4〕 $3 + 5 + 7 - 4 - 5$ $5 + 3 + 9 - 4 - 2$

〔No. 5〕 $1 - 7 + 3 + 5 + 6$ $6 + 6 + 3 + 5 - 7$

〔No. 6〕 $5 + 3 + 4 - 2 + 8$ $7 - 4 + 6 - 3 + 9$

〔No. 7〕 $6 - 9 - 1 + 5 + 7$ $1 + 5 + 3 + 6 - 5$

〔No. 8〕 $7 + 4 + 6 - 8 + 3$ $4 + 9 - 2 + 1 + 5$

〔No. 9〕 $8 - 3 + 7 - 6 - 1$ $9 + 1 + 5 + 2 - 8$

〔No. 10〕 $2 + 8 + 3 - 1 + 5$ $8 - 6 - 4 + 7 + 9$

〔No. 11〕 $4 + 9 - 2 - 5 + 6$ $8 - 4 - 2 + 5 + 1$

〔No. 12〕 $7 - 3 + 8 + 4 + 1$ $6 + 5 - 4 + 9 - 1$

〔No. 13〕 $6 + 8 - 5 - 2 - 3$ $2 + 6 + 1 - 4 + 2$

〔No. 14〕 $7 + 9 + 6 - 8 - 4$ $5 - 4 + 7 + 6 - 9$

〔No. 15〕 $1 + 5 - 3 + 6 - 7$ $3 - 1 + 5 + 7 - 8$

― 解　答 ―									
No. 1	5	No. 2	3	No. 3	1	No. 4	5	No. 5	5
No. 6	3	No. 7	2	No. 8	5	No. 9	4	No. 10	3
No. 11	4	No. 12	2	No. 13	3	No. 14	5	No. 15	4

〔No. 16〕　3 － 4 － 6 ＋ 5 ＋ 9　　　7 － 3 － 2 ＋ 4 ＋ 2

〔No. 17〕　2 ＋ 7 ＋ 7 － 3 － 4　　　9 ＋ 2 － 6 ＋ 1 ＋ 5

〔No. 18〕　8 － 6 － 3 ＋ 7 ＋ 5　　　4 ＋ 5 ＋ 6 ＋ 7 － 6

〔No. 19〕　5 － 3 ＋ 6 ＋ 2 ＋ 7　　　5 ＋ 4 － 2 ＋ 8 ＋ 5

〔No. 20〕　9 － 7 ＋ 5 － 4 ＋ 2　　　1 － 5 ＋ 7 － 2 ＋ 3

〔No. 21〕　4 ｜ 8 ＋ 7 － 5 － 6　　　6 － 3 ＋ 9 ＋ 4 － 3

〔No. 22〕　1 ＋ 6 － 4 ＋ 6 ＋ 8　　　5 ＋ 5 － 4 ＋ 3 ＋ 9

〔No. 23〕　2 － 1 ＋ 3 ＋ 7 ＋ 5　　　9 ＋ 4 － 6 ＋ 7 ＋ 3

〔No. 24〕　3 ＋ 7 ＋ 5 ＋ 2 － 4　　　4 ＋ 1 － 3 ＋ 6 ＋ 8

〔No. 25〕　5 ＋ 2 ＋ 3 － 4 － 1　　　7 － 4 － 2 ＋ 4 ＋ 2

〔No. 26〕　6 ＋ 5 － 7 ＋ 8 － 3　　　3 － 2 ＋ 6 ＋ 7 － 1

〔No. 27〕　7 ＋ 7 ＋ 3 － 5 ＋ 6　　　5 ＋ 6 ＋ 3 ＋ 2 ＋ 7

〔No. 28〕　8 － 2 ＋ 6 ＋ 4 － 7　　　7 ＋ 1 － 5 ＋ 4 ＋ 6

〔No. 29〕　9 ＋ 5 ＋ 4 － 1 ＋ 6　　　2 ＋ 9 － 3 ＋ 7 ＋ 5

〔No. 30〕　2 － 3 － 6 ＋ 5 ＋ 5　　　4 － 3 ＋ 5 － 6 ＋ 5

── 解　答 ──
No. 16	1	No. 17	2	No. 18	5	No. 19	3	No. 20	1
No. 21	5	No. 22	1	No. 23	1	No. 24	3	No. 25	2
No. 26	4	No. 27	5	No. 28	4	No. 29	3	No. 30	2

〔No. 31〕	$5 + 6 - 4 + 3 + 7$	$4 - 2 + 5 + 3 + 8$
〔No. 32〕	$9 - 3 - 2 + 1 + 3$	$3 + 3 + 6 - 5 - 2$
〔No. 33〕	$8 - 4 + 5 + 6 - 7$	$9 - 1 - 4 + 3 + 5$
〔No. 34〕	$3 + 3 - 4 - 2 + 5$	$2 + 6 + 7 - 4 - 9$
〔No. 35〕	$7 - 4 - 1 + 8 - 2$	$5 - 8 + 6 - 2 + 2$
〔No. 36〕	$4 + 1 - 6 - 2 + 9$	$7 - 3 - 1 + 6 - 7$
〔No. 37〕	$6 + 5 + 6 - 4 - 1$	$6 + 3 + 4 - 9 + 3$
〔No. 38〕	$2 - 8 + 3 + 9 - 4$	$3 + 4 + 8 - 2 - 6$
〔No. 39〕	$1 + 4 - 2 - 5 + 8$	$4 - 5 - 3 + 8 + 4$
〔No. 40〕	$3 + 5 + 7 + 2 - 6$	$1 + 7 - 5 - 2 + 8$
〔No. 41〕	$2 + 5 + 6 - 3 + 4$	$8 - 5 + 1 + 4 + 3$
〔No. 42〕	$4 - 1 + 3 + 5 - 2$	$6 + 3 - 4 - 5 + 6$
〔No. 43〕	$7 - 5 - 4 + 6 + 5$	$5 - 2 + 6 + 3 - 4$
〔No. 44〕	$6 + 2 + 3 - 4 + 7$	$1 + 4 + 7 - 5 + 5$
〔No. 45〕	$5 - 3 - 2 + 9 + 6$	$7 - 5 - 1 + 8 + 2$

解 答

No. 31	1	No. 32	3	No. 33	4	No. 34	3	No. 35	5
No. 36	4	No. 37	5	No. 38	5	No. 39	2	No. 40	2
No. 41	3	No. 42	3	No. 43	1	No. 44	2	No. 45	4

〔No. 46〕　$1 + 4 + 5 - 3 - 3$　　　$4 + 4 + 3 - 9 + 1$

〔No. 47〕　$8 + 7 + 1 - 7 + 8$　　　$9 - 3 - 2 + 4 + 4$

〔No. 48〕　$5 - 3 + 7 - 2 - 1$　　　$3 + 6 + 5 + 2 - 7$

〔No. 49〕　$9 - 6 - 1 + 8 - 3$　　　$2 + 8 + 4 - 7 - 2$

〔No. 50〕　$3 + 4 + 6 - 9 + 2$　　　$6 - 4 + 8 - 2 + 2$

〔No. 51〕　$5 + 4 - 6 + 3 + 1$　　　$6 - 3 + 7 + 1 - 3$

〔No. 52〕　$2 + 8 + 5 - 6 - 3$　　　$4 + 5 + 2 - 7 + 5$

〔No. 53〕　$7 - 2 - 4 + 9 + 8$　　　$3 + 9 - 5 + 4 + 6$

〔No. 54〕　$6 - 5 + 7 + 2 - 4$　　　$9 - 2 - 4 + 5 + 3$

〔No. 55〕　$4 + 1 + 3 - 8 + 5$　　　$5 - 4 + 8 + 7 - 9$

〔No. 56〕　$3 + 6 + 2 - 4 + 7$　　　$8 + 6 - 3 - 2 + 3$

〔No. 57〕　$9 - 4 - 3 + 5 + 2$　　　$7 + 1 - 6 + 3 + 1$

〔No. 58〕　$1 + 7 + 5 - 8 + 6$　　　$2 + 7 + 1 - 4 + 9$

〔No. 59〕　$5 - 3 + 8 - 7 - 1$　　　$1 - 4 + 8 + 6 - 4$

〔No. 60〕　$4 + 9 - 1 + 3 - 5$　　　$6 + 1 - 4 + 9 + 2$

解　答

No. 46	l	No. 47	5	No. 48	3	No. 49	2	No. 50	4
No. 51	l	No. 52	3	No. 53	l	No. 54	5	No. 55	2
No. 56	2	No. 57	3	No. 58	4	No. 59	5	No. 60	4

計　算　Ⓒ

―― 練 習 問 題 ――

〔**検査Ⅲ**〕　次の計算式の□に入る数を求めよ。

　たとえば，〔例題1〕では，□に4が入れば $8 \times 3 \div \boxed{4} = 6$ となって計算式が成り立つので，解答らんの4の □ を ■ のように塗りつぶす。

〔例題 1〕　$8 \times 3 \div \square = 6$

〔例題 2〕　$10 \div 5 \times \square = 4$

〔例題 3〕　$\square \times 6 \div 9 = 2$

〔例題 4〕　$12 \div \square \div 3 = 2$

〔例題 5〕　$\square \times 4 \div 2 = 10$

〔例題 6〕　$8 \div \square \times 3 = 24$

〔例題 7〕　$15 \div \square \times 2 = 10$

〔例題 8〕　$4 \times 10 \div \square = 8$

〔例題 9〕　$\square \div 2 \times 6 = 12$

〔例題10〕　$12 \times \square \div 4 = 3$

解　答

例題1	4	例題2	2	例題3	3	例題4	2	例題5	5
例題6	1	例題7	3	例題8	5	例題9	4	例題10	1

〔No. 1〕 □ × 3 × 2 ＝ 18

〔No. 2〕 6 ÷ □ × 7 ＝ 21

〔No. 3〕 5 × 8 ÷ □ ＝ 10

〔No. 4〕 60 ÷ □ × 2 ＝ 24

〔No. 5〕 □ × 7 × 4 ＝ 28

〔No. 6〕 8 ÷ 4 × □ ＝ 10

〔No. 7〕 □ × 48 ÷ 6 ＝ 8

〔No. 8〕 15 × □ ÷ 9 ＝ 5

〔No. 9〕 36 × 1 ÷ □ ＝ 9

〔No. 10〕 28 ÷ □ × 3 ＝ 42

〔No. 11〕 3 × □ × 2 ＝ 30

〔No. 12〕 □ ÷ 2 × 9 ＝ 18

〔No. 13〕 42 ÷ 7 ÷ □ ＝ 2

〔No. 14〕 12 × 3 ÷ □ ＝ 18

〔No. 15〕 6 ÷ □ × 5 ＝ 30

解　答

No.	1	3	No.	2	2	No.	3	4	No.	4	5	No.	5	1
No.	6	5	No.	7	1	No.	8	3	No.	9	4	No.	10	2
No.	11	5	No.	12	4	No.	13	3	No.	14	2	No.	15	1

〔No. 16〕 $\square \times 9 \div 6 = 6$

〔No. 17〕 $8 \div \square \times 5 = 20$

〔No. 18〕 $12 \times \square \times 2 = 24$

〔No. 19〕 $4 \times 10 \div \square = 8$

〔No. 20〕 $\square \times 12 \div 9 = 4$

〔No. 21〕 $3 \times \square \times 2 = 24$

〔No. 22〕 $\square \times 12 \div 6 = 10$

〔No. 23〕 $6 \div 2 \times \square = 3$

〔No. 24〕 $15 \times \square \div 9 = 5$

〔No. 25〕 $\square \times 24 \div 6 = 8$

〔No. 26〕 $45 \div \square \div 3 = 3$

〔No. 27〕 $18 \div 2 \times \square = 9$

〔No. 28〕 $\square \times 10 \times 2 = 60$

〔No. 29〕 $36 \div \square \div 9 = 1$

〔No. 30〕 $4 \div \square \times 13 = 26$

〔No. 31〕 $12 \div \square \times 5 = 20$

〔No. 32〕 $\square \div 5 \times 7 = 7$

〔No. 33〕 $4 \times 6 \div \square = 12$

〔No. 34〕 $8 \div \square \times 2 = 16$

〔No. 35〕 $\square \div 2 \times 9 = 18$

〔No. 36〕 $\square \times 8 \div 10 = 4$

〔No. 37〕 $54 \div 6 \div \square = 3$

〔No. 38〕 $9 \div \square \times 3 = 27$

〔No. 39〕 $12 \div 4 \times \square = 6$

〔No. 40〕 $6 \times \square \div 12 = 2$

〔No. 41〕 $\square \times 4 \div 10 = 2$

〔No. 42〕 $6 \div \square \times 2 = 4$

〔No. 43〕 $3 \times 8 \div \square = 6$

〔No. 44〕 $7 \div \square \times 3 = 21$

〔No. 45〕 $\square \times 9 \div 6 = 3$

解 答

No. 31 3	No. 32 5	No. 33 2	No. 34 1	No. 35 4
No. 36 5	No. 37 3	No. 38 1	No. 39 2	No. 40 4
No. 41 5	No. 42 3	No. 43 4	No. 44 1	No. 45 2

〔No. 46〕 $\square \div 1 \div 2 = 2$

〔No. 47〕 $16 \div 4 \times \square = 20$

〔No. 48〕 $3 \times \square \div 9 = 1$

〔No. 49〕 $14 \div 2 \times \square = 7$

〔No. 50〕 $\square \times 10 \div 5 = 4$

〔No. 51〕 $3 \times \square \div 2 = 6$

〔No. 52〕 $\square \times 8 \div 10 = 4$

〔No. 53〕 $28 \div 4 \div \square = 7$

〔No. 54〕 $\square \times 2 \times 3 = 18$

〔No. 55〕 $16 \div 4 \times \square = 8$

〔No. 56〕 $10 \div \square \times 6 = 12$

〔No. 57〕 $\square \times 10 \div 5 = 6$

〔No. 58〕 $12 \div 3 \times \square = 4$

〔No. 59〕 $4 \times \square \div 8 = 2$

〔No. 60〕 $\square \div 1 \times 7 = 14$

解　答

No. 46	4	No. 47	5	No. 48	3	No. 49	1	No. 50	2
No. 51	4	No. 52	5	No. 53	1	No. 54	3	No. 55	2
No. 56	5	No. 57	3	No. 58	1	No. 59	4	No. 60	2

置　　換　Ⓐ

━━練習問題━━

〔**検査Ⅰ**〕　次のアルファベットとひらがなの左右の対応が，手引の対応と誤っているものの数を答えよ。ただし，全然誤りのないときは5とする。

　たとえば，〔例題1〕では，手引によって置き換えると，AとCの2つが誤っているので，2の▭を■のように塗りつぶす。

（手引）	C	D	B	A	F	H
	なかの	ながい	なかだ	なつき	なおき	いずれでもないもの

〔例題 1〕　HBAC　　なりた　なかだ　なかの　なおき
〔例題 2〕　BFAD　　ながい　なおき　なかの　なつき
〔例題 3〕　DCHB　　ながい　なかの　なおき　なかだ
〔例題 4〕　ABCD　　なるせ　ながい　なかだ　なかの
〔例題 5〕　AHCB　　なつき　なるせ　なかの　なかだ
〔例題 6〕　CDBF　　なかの　なつき　なかだ　なおき
〔例題 7〕　FHCD　　なりた　なおき　なかの　ながい
〔例題 8〕　BAFH　　ながい　なかの　なかだ　なおき
〔例題 9〕　DHCF　　なつき　なかだ　ながい　なおき
〔例題10〕　HCDA　　なるせ　なかの　ながい　なつき

解　答

例題1	2	例題2	3	例題3	1	例題4	4	例題5	5
例題6	1	例題7	2	例題8	4	例題9	3	例題10	5

（手引）	A	B	C	D	E	X
	あしだ	あおき	あさの	あずさ	あそう	いずれでも ないもの

〔No. 1〕　B A C D　　あおき　あしだ　あそう　あずさ

〔No. 2〕　A E X B　　あずさ　あそう　あおき　あさの

〔No. 3〕　C D A E　　あさの　あずさ　あしだ　あそう

〔No. 4〕　X C B D　　あさだ　あおき　あさの　あずさ

〔No. 5〕　D E B A　　あいだ　あずさ　あしだ　あさの

〔No. 6〕　E D C B　　あしだ　あさの　あずさ　あおき

〔No. 7〕　B C D E　　あそう　あおき　あしだ　あさの

〔No. 8〕　A X D B　　あしだ　あいだ　あずさ　あおき

〔No. 9〕　E B X C　　あさの　あおき　あいだ　あしだ

〔No. 10〕　C E A B　　あさの　あそう　あしだ　あずさ

〔No. 11〕　A C B X　　あおき　あしだ　あずさ　あそう

〔No. 12〕　C D B E　　あさの　あしだ　あおき　あつみ

〔No. 13〕　D B X C　　あずさ　あおき　あつみ　あさの

〔No. 14〕　E C A B　　あずさ　あさの　あしだ　あおき

〔No. 15〕　D C X A　　あさの　あずさ　あいだ　あおき

解　答

No. 1	1	No. 2	3	No. 3	5	No. 4	2	No. 5	4
No. 6	3	No. 7	4	No. 8	5	No. 9	2	No. 10	1
No. 11	4	No. 12	2	No. 13	5	No. 14	1	No. 15	3

(手引)	F	G	H	I	J	K
	いしだ	いけだ	いしい	いつき	いとう	いずれでもないもの

〔No. 16〕　F H J I　　　いしだ　いけだ　いとう　いつき

〔No. 17〕　K G H I　　　いくた　いけだ　いしい　いつき

〔No. 18〕　I J K G　　　いしい　いまい　いとう　いしだ

〔No. 19〕　H I J K　　　いしだ　いつき　いけだ　いくた

〔No. 20〕　G F I H　　　いけだ　いまい　いしい　いつき

〔No. 21〕　K G J F　　　いとう　いけだ　いつき　いしだ

〔No. 22〕　F K J I　　　いしだ　いまい　いしい　いつき

〔No. 23〕　H I J K　　　いけだ　いしだ　いしい　いとう

〔No. 24〕　H F I G　　　いしい　いしだ　いつき　いけだ

〔No. 25〕　K J I H　　　いけだ　いくた　いつき　いしだ

〔No. 26〕　I H G F　　　いつき　いしい　いけだ　いしだ

〔No. 27〕　J G I H　　　いしい　いけだ　いしだ　いとう

〔No. 28〕　H F J G　　　いしい　いしだ　いとう　いけだ

〔No. 29〕　K H I G　　　いまい　いしい　いしだ　いつき

〔No. 30〕　F I J K　　　いけだ　いしい　いつき　いしだ

― 解　答 ―									
No. 16	1	No. 17	5	No. 18	4	No. 19	2	No. 20	3
No. 21	2	No. 22	1	No. 23	4	No. 24	5	No. 25	3
No. 26	5	No. 27	3	No. 28	5	No. 29	2	No. 30	4

（手引）	L	M	N	O	P	Q
	さかい	さきた	ささき	さかた	さえき	いずれでもないもの

〔No. 31〕　L N O Q　　さとう　さかい　さえき　さきた

〔No. 32〕　M O L P　　さきた　さえき　さかい　さかた

〔No. 33〕　N M L P　　ささき　さきた　さかた　さえき

〔No. 34〕　O Q M L　　さえき　さとう　さきた　さかい

〔No. 35〕　L M O P　　ささき　さかた　さきた　さえき

〔No. 36〕　O P L M　　さなだ　さかい　さきた　ささき

〔No. 37〕　N Q M L　　ささき　さえき　さきた　さかい

〔No. 38〕　O L Q P　　さかた　さきた　さかい　さえき

〔No. 39〕　P Q L O　　さきた　さかた　さかい　さえき

〔No. 40〕　M O P Q　　さきた　さかた　さえき　さなだ

〔No. 41〕　L N O P　　さかい　ささき　さかた　さえき

〔No. 42〕　P M O L　　さかた　さかい　ささき　さきた

〔No. 43〕　O N Q M　　さえき　さきた　さかた　さかい

〔No. 44〕　M L P N　　さかた　さかい　さえき　ささき

〔No. 45〕　Q O L P　　さぬき　さかい　さかた　さきた

解　答

No. 31	4	No. 32	2	No. 33	1	No. 34	1	No. 35	3
No. 36	4	No. 37	1	No. 38	2	No. 39	3	No. 40	5
No. 41	5	No. 42	4	No. 43	4	No. 44	1	No. 45	3

（手引）	T	R	S	U	V	W
	たじま	たかの	たなか	たじか	たまだ	いずれでも ないもの

〔No. 46〕　S U R T　　たぐち　たじか　たかの　たじま

〔No. 47〕　U V W R　　たじま　たなか　たじか　たかせ

〔No. 48〕　T S V W　　たなか　たじか　たまだ　たぐち

〔No. 49〕　R S T U　　たかの　たなか　たじま　たじか

〔No. 50〕　W V S R　　たかせ　たじま　たじか　たまだ

〔No. 51〕　T R S U　　たまだ　たかせ　たかの　たじま

〔No. 52〕　S W T V　　たじか　たぐち　たじま　たかの

〔No. 53〕　R T W V　　たじか　たかの　たかせ　たじま

〔No. 54〕　S T R U　　たまだ　たじま　たかの　たじか

〔No. 55〕　V U S R　　たまだ　たじか　たなか　たかの

〔No. 56〕　U T S R　　たじか　たじま　たなか　たかの

〔No. 57〕　S U T V　　たかの　たまだ　たじか　たじま

〔No. 58〕　W V R T　　たぐち　たなか　たじま　たじか

〔No. 59〕　V S T W　　たまだ　たなか　たじま　たべい

〔No. 60〕　R T U S　　たかの　たじま　たまだ　たなか

解　答

No. 46	1	No. 47	4	No. 48	2	No. 49	5	No. 50	3
No. 51	4	No. 52	2	No. 53	3	No. 54	1	No. 55	5
No. 56	5	No. 57	4	No. 58	3	No. 59	5	No. 60	1

置　　換 Ⓑ

─ 練 習 問 題 ─

〔**検査Ⅱ**〕　次の問題の漢字と数字の左右の対応が，手引で示されている
対応と，いくつ正しく置き換えられているかを答えよ。

　たとえば，〔例題1〕では，行──5，得──6の2つが正しい。したが
って，2の◻︎を■のように塗りつぶす。

（手引）

行―5	星―7	道―2
来―3	得―6	雨―8
風―1	目―4	無―9

〔例題 1〕　行得星風目　　5 6 3 9 1

〔例題 2〕　風目雨道行　　1 6 8 2 5

〔例題 3〕　無行得目星　　7 1 6 8 5

〔例題 4〕　道風雨無行　　2 1 8 9 5

〔例題 5〕　風得雨来星　　1 6 8 3 7

〔例題 6〕　目風道行無　　4 2 1 5 9

〔例題 7〕　得雨行無星　　2 8 5 9 1

〔例題 8〕　無風星目来　　3 1 8 4 9

〔例題 9〕　道行雨得風　　2 3 1 7 8

〔例題10〕　星行無来道　　7 5 6 3 2

解　答

例題1	2	例題2	4	例題3	l	例題4	5	例題5	5
例題6	3	例題7	3	例題8	2	例題9	l	例題10	4

<table>
<tr><td rowspan="3">（手引）</td><td>家—9</td><td>土—7</td><td>草—5</td></tr>
<tr><td>花—1</td><td>板—4</td><td>窓—2</td></tr>
<tr><td>道—6</td><td>金—8</td><td>枠—3</td></tr>
</table>

〔No. 1〕　草花金土家　　5 1 7 8 9

〔No. 2〕　窓枠道板土　　5 3 1 7 4

〔No. 3〕　板土家金草　　4 7 9 8 1

〔No. 4〕　土草花窓枠　　7 5 1 2 3

〔No. 5〕　土花家金草　　7 6 8 9 5

〔No. 6〕　枠道土窓板　　3 6 7 2 4

〔No. 7〕　草板道家枠　　2 4 6 7 8

〔No. 8〕　花板窓土金　　9 6 2 7 8

〔No. 9〕　金草道土家　　4 7 1 6 9

〔No. 10〕　家花金草窓　　9 1 4 5 2

〔No. 11〕　花道金板草　　1 6 8 4 5

〔No. 12〕　土窓花家金　　3 2 1 9 8

〔No. 13〕　草金道家花　　5 2 9 6 1

〔No. 14〕　枠板土草道　　2 7 4 5 1

〔No. 15〕　金枠道板家　　8 2 6 1 9

── 解　答 ──

No. 1	3	No. 2	1	No. 3	4	No. 4	5	No. 5	2
No. 6	5	No. 7	2	No. 8	3	No. 9	1	No. 10	4
No. 11	5	No. 12	4	No. 13	2	No. 14	1	No. 15	3

（手引）

理—6	具—5	悪—2
有—3	由—1	体—7
良—8	化—4	無—9

〔No. 16〕　理由具体化　　6 3 5 7 9

〔No. 17〕　良悪有具無　　8 2 3 5 9

〔No. 18〕　無体理良化　　6 3 1 8 7

〔No. 19〕　具良悪有無　　5 1 2 8 4

〔No. 20〕　化良理有具　　2 8 6 3 5

〔No. 21〕　無体有良化　　9 7 3 8 4

〔No. 22〕　悪由良無理　　5 8 1 9 7

〔No. 23〕　具体化有無　　5 7 4 8 2

〔No. 24〕　有体由具化　　3 7 1 6 4

〔No. 25〕　良悪有無理　　8 3 2 7 6

〔No. 26〕　由化理有良　　1 4 6 7 3

〔No. 27〕　体無具悪有　　7 9 5 2 3

〔No. 28〕　化理有良具　　1 6 3 8 5

〔No. 29〕　無悪体理化　　9 2 7 8 4

〔No. 30〕　由理良体無　　1 3 8 6 9

解　答

No. 16	3	No. 17	5	No. 18	1	No. 19	2	No. 20	4
No. 21	5	No. 22	1	No. 23	3	No. 24	4	No. 25	2
No. 26	3	No. 27	5	No. 28	4	No. 29	4	No. 30	3

<table>
<tr><td rowspan="3">（手引）</td><td>品―1</td><td>外―4</td><td>雑―7</td></tr>
<tr><td>行―2</td><td>物―5</td><td>正―8</td></tr>
<tr><td>誌―3</td><td>内―6</td><td>本―9</td></tr>
</table>

〔No. 31〕　品行内外誌　　1 2 5 4 3

〔No. 32〕　本物雑品内　　8 5 4 1 6

〔No. 33〕　雑誌本内外　　1 3 5 4 6

〔No. 34〕　品物本誌内　　1 5 8 7 3

〔No. 35〕　外誌雑品正　　4 3 7 1 8

〔No. 36〕　正内行外本　　8 6 1 5 9

〔No. 37〕　物正品雑行　　5 8 1 7 2

〔No. 38〕　内外雑品行　　3 7 4 1 9

〔No. 39〕　行物誌本品　　2 5 1 9 3

〔No. 40〕　誌本物品行　　9 5 3 1 2

〔No. 41〕　物品行誌本　　5 1 2 3 9

〔No. 42〕　正外内物行　　8 4 6 5 2

〔No. 43〕　外内誌品正　　4 6 2 1 8

〔No. 44〕　内雑本行品　　8 5 9 2 1

〔No. 45〕　雑外誌本行　　7 8 3 9 2

解　答

No. 31	4	No. 32	3	No. 33	1	No. 34	2	No. 35	5
No. 36	3	No. 37	5	No. 38	1	No. 39	3	No. 40	2
No. 41	5	No. 42	5	No. 43	4	No. 44	3	No. 45	4

音—4	火—1	晴—6
色—9	木—5	雲—8
美—3	土—7	雨—2

〔No. 46〕　美火土木雨　　　3 7 1 5 2

〔No. 47〕　晴雲雨音色　　　2 5 7 4 3

〔No. 48〕　土色音美晴　　　7 9 4 3 6

〔No. 49〕　色晴土火木　　　3 6 7 1 5

〔No. 50〕　雨雲晴美色　　　2 5 6 9 3

〔No. 51〕　音木雨晴美　　　9 5 8 2 6

〔No. 52〕　雲火晴色土　　　6 1 8 9 7

〔No. 53〕　色木土雨晴　　　9 5 1 2 6

〔No. 54〕　木晴火雲色　　　5 6 1 8 9

〔No. 55〕　火木土美雨　　　4 9 7 3 2

〔No. 56〕　火土美雨雲　　　4 7 3 2 8

〔No. 57〕　晴音木土美　　　6 4 5 7 3

〔No. 58〕　雲色音火雨　　　8 9 4 1 2

〔No. 59〕　木美火土色　　　1 3 5 9 7

〔No. 60〕　色音雨木美　　　1 3 2 5 8

解　答

No. 46	3	No. 47	1	No. 48	5	No. 49	4	No. 50	2
No. 51	1	No. 52	3	No. 53	4	No. 54	5	No. 55	3
No. 56	4	No. 57	5	No. 58	5	No. 59	1	No. 60	2

置　換 ©

─練習問題─

〔**検査**Ⅲ〕　次の記号を手引によって照合し，誤っている箇所を数えよ。ただし，全部正しい場合は，5とする。

　たとえば，〔例題1〕では，る→÷　た→0　か→○　う→÷が正答なので，2つ誤っていることになり，その数と同じ番号の解答らんの2の □ を ■ のように塗りつぶす。

（手引）	て	う	る	さ	た	あ	ら	か	つ	い	と	ち
	＝	÷	≒	キ	0	×	○	○	△	□	－	＋

〔例題1〕　る　た　か　う　　　÷　0　○　≒

〔例題2〕　と　あ　ち　ら　　　－　×　＋　○

〔例題3〕　う　さ　い　た　　　÷　×　＋　○

〔例題4〕　て　ら　た　う　　　＝　0　○　≒

〔例題5〕　か　た　ら　い　　　△　0　○　□

〔例題6〕　ち　い　さ　る　　　÷　□　キ　≒

〔例題7〕　あ　て　う　と　　　×　＝　÷　－

〔例題8〕　う　ら　た　つ　　　＋　○　0　○

〔例題9〕　さ　い　る　か　　　キ　△　÷　○

〔例題10〕　て　ち　た　ら　　　÷　－　キ　×

解　答

例題1	2	例題2	5	例題3	3	例題4	3	例題5	2
例題6	1	例題7	5	例題8	2	例題9	2	例題10	4

（手引）	に	ら	や	わ	か	さ	た	き	ま	り	こ	す
	＋	－	÷	□	○	0	≒	＝	△	○	×	≠

〔No. 1〕　わ　き　ら　す　　□　≒　÷　≠

〔No. 2〕　ま　か　り　や　　△　0　○　÷

〔No. 3〕　た　こ　わ　に　　≠　×　□　＋

〔No. 4〕　す　ら　さ　た　　≠　－　0　≒

〔No. 5〕　り　か　き　ら　　○　○　÷　＝

〔No. 6〕　や　に　こ　す　　÷　＋　×　≠

〔No. 7〕　さ　り　か　わ　　○　○　0　□

〔No. 8〕　ま　こ　ら　き　　0　×　－　＝

〔No. 9〕　や　き　た　ら　　÷　＝　≒　－

〔No. 10〕　か　に　ま　り　　△　＋　○　○

〔No. 11〕　さ　す　ら　た　　0　≠　＝　－

〔No. 12〕　ら　か　に　り　　－　○　＋　0

〔No. 13〕　た　か　り　き　　÷　0　○　＝

〔No. 14〕　す　さ　ま　こ　　≠　0　△　×

〔No. 15〕　わ　や　た　か　　□　÷　≒　○

解　答

No. 1	2	No. 2	1	No. 3	1	No. 4	5	No. 5	2
No. 6	5	No. 7	2	No. 8	1	No. 9	5	No. 10	2
No. 11	2	No. 12	1	No. 13	1	No. 14	5	No. 15	5

（手引）	お	せ	け	を	い	う	あ	ゆ	る	く	れ	そ
	△	⊕	×	⁑	◎	○	－	0	＋	◯	＝	÷

〔No. 16〕　う　ゆ　せ　く　　　◎　0　⊕　＋

〔No. 17〕　を　れ　る　け　　　×　÷　＋　⊕

〔No. 18〕　く　お　あ　ゆ　　　＋　△　－　0

〔No. 19〕　い　せ　る　あ　　　◎　⊕　＋　＝

〔No. 20〕　け　る　お　う　　　×　＋　△　○

〔No. 21〕　あ　れ　い　を　　　－　＝　○　△

〔No. 22〕　せ　く　る　れ　　　⊕　◯　＋　＝

〔No. 23〕　そ　を　お　ゆ　　　÷　⁑　△　◯

〔No. 24〕　お　け　あ　い　　　△　×　－　◎

〔No. 25〕　ゆ　い　る　せ　　　○　＋　⊕　×

〔No. 26〕　れ　お　う　く　　　÷　△　○　◯

〔No. 27〕　る　を　そ　あ　　　＋　×　＝　－

〔No. 28〕　い　く　せ　う　　　◯　◎　⊕　○

〔No. 29〕　を　れ　ゆ　け　　　⁑　＝　0　×

〔No. 30〕　く　そ　せ　あ　　　0　÷　△　＋

解　答

No. 16	2	No. 17	3	No. 18	1	No. 19	1	No. 20	5
No. 21	2	No. 22	5	No. 23	1	No. 24	5	No. 25	4
No. 26	1	No. 27	2	No. 28	2	No. 29	5	No. 30	3

（手引）

ひ	は	の	て	ね	な	し	え	ち	つ	ぬ	と
□	‡	÷	○	＋	○	△	0	−	×	＝	÷

〔No.31〕　な　ひ　ち　て　　　○　□　−　○

〔No.32〕　ね　え　つ　と　　　＋　○　×　＝

〔No.33〕　は　し　ち　の　　　‡　△　−　○

〔No.34〕　て　と　の　は　　　○　＝　−　÷

〔No.35〕　し　ね　ひ　つ　　　△　＋　□　×

〔No.36〕　え　つ　は　ち　　　0　×　＝　△

〔No.37〕　と　は　ち　の　　　÷　÷　−　＝

〔No.38〕　ひ　ぬ　ね　て　　　□　÷　＋　○

〔No.39〕　の　し　と　え　　　÷　△　÷　○

〔No.40〕　ち　な　ひ　つ　　　−　○　□　×

〔No.41〕　ぬ　て　ひ　な　　　＝　0　□　○

〔No.42〕　つ　ね　の　と　　　×　＋　‡　÷

〔No.43〕　し　は　ぬ　ひ　　　○　÷　＝　□

〔No.44〕　な　の　え　ち　　　○　÷　0　−

〔No.45〕　は　え　ち　し　　　‡　0　−　△

─── 解　答 ───

No.31	5	No.32	2	No.33	1	No.34	3	No.35	5
No.36	2	No.37	2	No.38	1	No.39	1	No.40	5
No.41	1	No.42	1	No.43	2	No.44	5	No.45	5

（手引）	う	も	れ	よ	ほ	ふ	み	め	へ	ろ	ん	む
	÷	×	□	△	＋	○	0	◯	－	＝	÷	キ

〔No. 46〕　め　も　ふ　ろ　　　○　×　0　＝

〔No. 47〕　ん　う　ほ　へ　　　÷　≑　＋　キ

〔No. 48〕　み　れ　む　よ　　　○　□　キ　△

〔No. 49〕　も　め　ふ　う　　　×　－　○　÷

〔No. 50〕　ほ　ろ　よ　み　　　＋　－　□　0

〔No. 51〕　う　へ　れ　ん　　　÷　－　□　≑

〔No. 52〕　よ　め　ろ　む　　　△　◯　＝　キ

〔No. 53〕　れ　ふ　ほ　も　　　△　0　＋　×

〔No. 54〕　よ　へ　う　め　　　□　＋　÷　◯

〔No. 55〕　む　ん　よ　み　　　キ　≑　△　0

〔No. 56〕　へ　ふ　れ　も　　　＝　○　0　÷

〔No. 57〕　ん　ほ　み　う　　　キ　＋　0　×

〔No. 58〕　め　よ　ふ　ん　　　0　□　◯　÷

〔No. 59〕　へ　れ　も　ろ　　　－　□　×　＝

〔No. 60〕　ほ　む　ろ　れ　　　＋　≑　＝　□

解 答

No. 46	1	No. 47	3	No. 48	1	No. 49	1	No. 50	2
No. 51	5	No. 52	5	No. 53	2	No. 54	2	No. 55	5
No. 56	3	No. 57	2	No. 58	3	No. 59	5	No. 60	1

図形把握 Ａ

──**練習問題**──

〔**検査Ⅰ**〕　次の左の図と同じものを，1～5から選べ。

　たとえば，〔例題1〕では，3の図が左の図と同じなので，3の ▭ を
■ のように塗りつぶす。

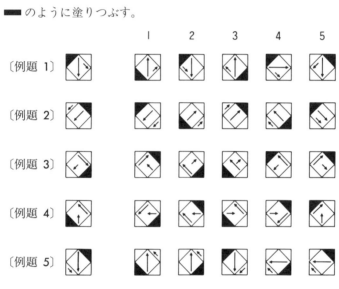

解答

| 例題1 | 3 | 例題2 | 2 | 例題3 | 5 | 例題4 | 1 | 例題5 | 1 |

1 2 3 4 5

〔No. 1〕 

〔No. 2〕 

〔No. 3〕 

〔No. 4〕 

〔No. 5〕 

〔No. 6〕 

〔No. 7〕 

〔No. 8〕 

〔No. 9〕 

〔No. 10〕 

解　答

No. 1	5	No. 2	2	No. 3	1	No. 4	4	No. 5	2
No. 6	3	No. 7	1	No. 8	3	No. 9	5	No. 10	3

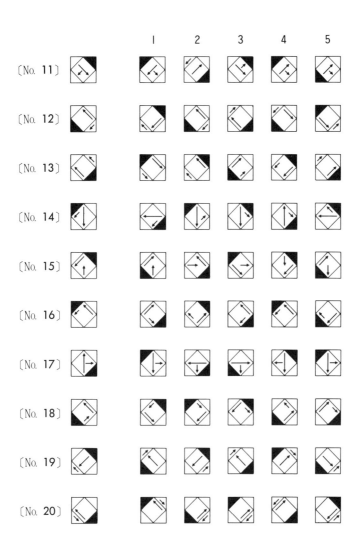

	l	2	3	4	5

〔No. 21〕

〔No. 22〕

〔No. 23〕

〔No. 24〕

〔No. 25〕

〔No. 26〕

〔No. 27〕

〔No. 28〕

〔No. 29〕

〔No. 30〕

解　答

No. 21	2	No. 22	4	No. 23	2	No. 24	l	No. 25	3
No. 26	5	No. 27	l	No. 28	2	No. 29	l	No. 30	3

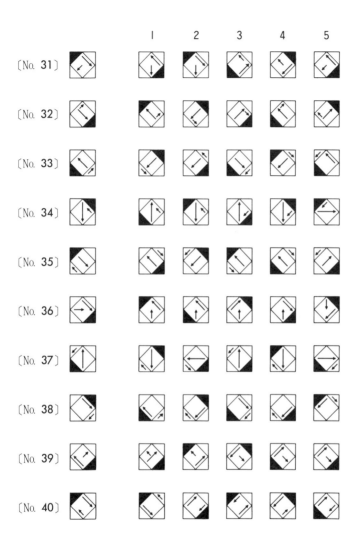

	1	2	3	4	5
〔No. 31〕					
〔No. 32〕					
〔No. 33〕					
〔No. 34〕					
〔No. 35〕					
〔No. 36〕					
〔No. 37〕					
〔No. 38〕					
〔No. 39〕					
〔No. 40〕					

─ 解　答 ─

No. 31	4	No. 32	5	No. 33	2	No. 34	5	No. 35	1
No. 36	3	No. 37	2	No. 38	4	No. 39	4	No. 40	5

	1	2	3	4	5
〔No. 41〕					
〔No. 42〕					
〔No. 43〕					
〔No. 44〕					
〔No. 45〕					
〔No. 46〕					
〔No. 47〕					
〔No. 48〕					
〔No. 49〕					
〔No. 50〕					

─ 解　答 ─

No. 41	1	No. 42	3	No. 43	2	No. 44	4	No. 45	5
No. 46	4	No. 47	2	No. 48	3	No. 49	1	No. 50	1

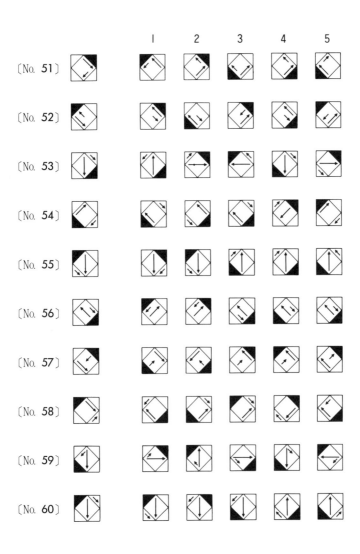

図形把握 B

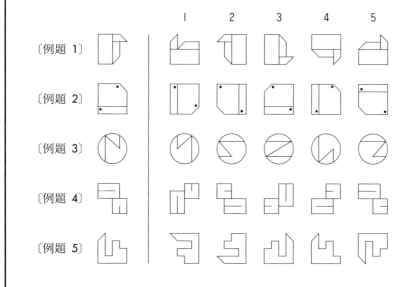

―― 練習問題 ――

〔検査Ⅱ〕　左の図形と同じ図形で向きだけかえた図形を１～５から選んで答えよ。ただし，図形は裏返さないものとする。

　たとえば，〔例題１〕では，４の図形が左の図形と同じなので，４の ⬜ を ▬ のように塗りつぶす。

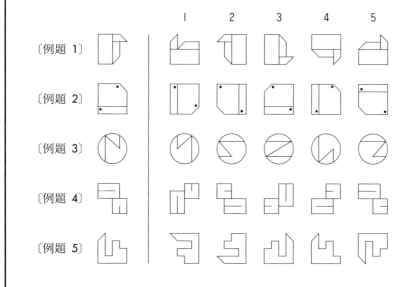

解　答

| 例題1 | 4 | 例題2 | 1 | 例題3 | 5 | 例題4 | 3 | 例題5 | 2 |

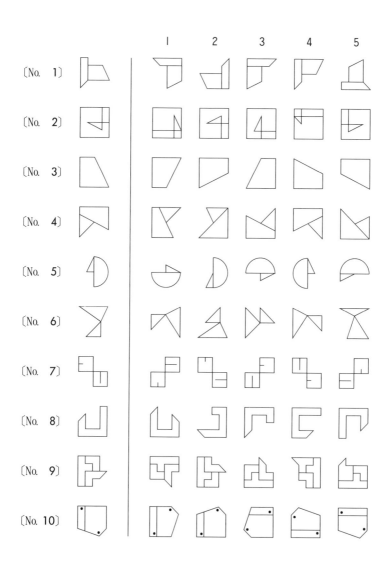

		1	2	3	4	5

〔No. 1〕

〔No. 2〕

〔No. 3〕

〔No. 4〕

〔No. 5〕

〔No. 6〕

〔No. 7〕

〔No. 8〕

〔No. 9〕

〔No. 10〕

解　答

No. 1　5	No. 2　3	No. 3　2	No. 4　3	No. 5　1
No. 6　4	No. 7　1	No. 8　5	No. 9　3	No. 10　3

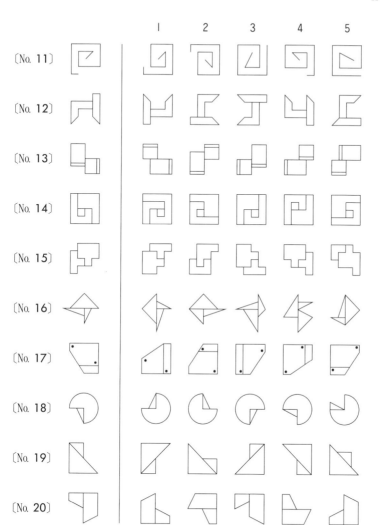

〔No. 11〕 1 2 3 4 5
〔No. 12〕
〔No. 13〕
〔No. 14〕
〔No. 15〕
〔No. 16〕
〔No. 17〕
〔No. 18〕
〔No. 19〕
〔No. 20〕

─ 解 答 ─

| No. 11 | 2 | No. 12 | 1 | No. 13 | 5 | No. 14 | 5 | No. 15 | 3 |
| No. 16 | 1 | No. 17 | 4 | No. 18 | 2 | No. 19 | 4 | No. 20 | 1 |

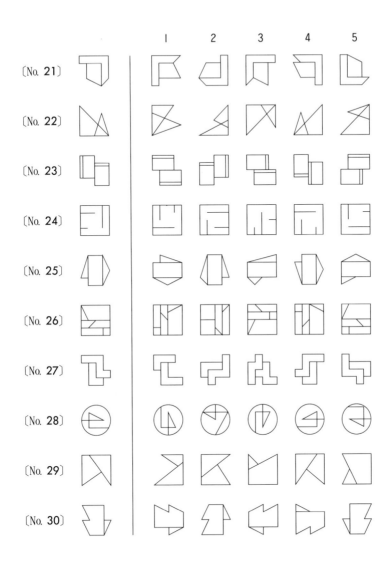

		1	2	3	4	5
〔No. 21〕						
〔No. 22〕						
〔No. 23〕						
〔No. 24〕						
〔No. 25〕						
〔No. 26〕						
〔No. 27〕						
〔No. 28〕						
〔No. 29〕						
〔No. 30〕						

─ 解 答 ─

No. 21	2	No. 22	5	No. 23	5	No. 24	4	No. 25	1
No. 26	1	No. 27	2	No. 28	3	No. 29	2	No. 30	3

		1	2	3	4	5
〔No. 31〕						
〔No. 32〕						
〔No. 33〕						
〔No. 34〕						
〔No. 35〕						
〔No. 36〕						
〔No. 37〕						
〔No. 38〕						
〔No. 39〕						
〔No. 40〕						

─ 解　答 ─

No. 31	1	No. 32	4	No. 33	4	No. 34	1	No. 35	2
No. 36	3	No. 37	5	No. 38	2	No. 39	5	No. 40	3

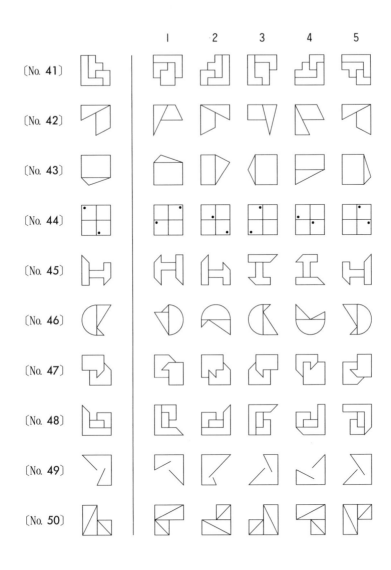

	I	2	3	4	5
[No. 41]					
[No. 42]					
[No. 43]					
[No. 44]					
[No. 45]					
[No. 46]					
[No. 47]					
[No. 48]					
[No. 49]					
[No. 50]					

── 解　答 ──

No. 41	4	No. 42	4	No. 43	5	No. 44	I	No. 45	3
No. 46	2	No. 47	5	No. 48	3	No. 49	4	No. 50	2

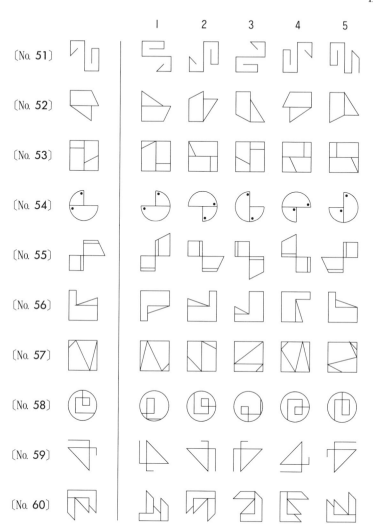

〔No. 51〕 〔No. 52〕 〔No. 53〕 〔No. 54〕 〔No. 55〕 〔No. 56〕 〔No. 57〕 〔No. 58〕 〔No. 59〕 〔No. 60〕

─ 解 答 ─

| No. 51 | 3 | No. 52 | 2 | No. 53 | 4 | No. 54 | 2 | No. 55 | 5 |
| No. 56 | 4 | No. 57 | 1 | No. 58 | 4 | No. 59 | 3 | No. 60 | 5 |

図形把握　C

─── 練 習 問 題 ───

〔**検査Ⅲ**〕　左の図形と同じ図形で向きだけかえた図形を1～5から選んで答えよ。ただし，図形は裏返さないものとする。

　たとえば，〔例題1〕では，4の図形が左の図形と同じなので，4の ▭ を ▬ のように塗りつぶす。

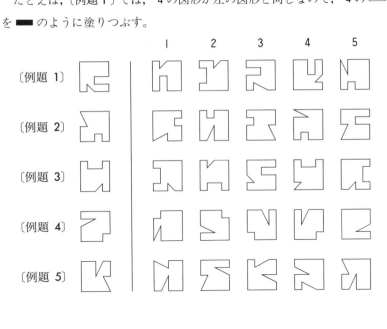

解　答

例題1　　4　　例題2　　1　　例題3　　2　　例題4　　3　　例題5　　5

96

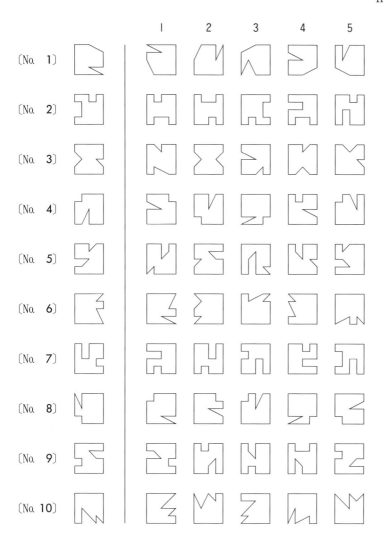

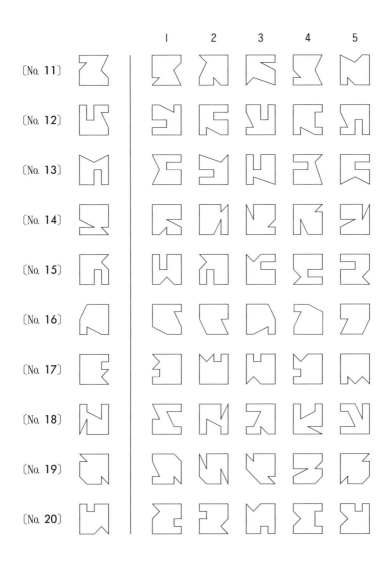

	1	2	3	4	5
〔No. 11〕					
〔No. 12〕					
〔No. 13〕					
〔No. 14〕					
〔No. 15〕					
〔No. 16〕					
〔No. 17〕					
〔No. 18〕					
〔No. 19〕					
〔No. 20〕					

─ 解 答 ─

No. 11	5	No. 12	5	No. 13	1	No. 14	2	No. 15	3
No. 16	4	No. 17	1	No. 18	2	No. 19	5	No. 20	3

	1	2	3	4	5
〔No. 21〕					
〔No. 22〕					
〔No. 23〕					
〔No. 24〕					
〔No. 25〕					
〔No. 26〕					
〔No. 27〕					
〔No. 28〕					
〔No. 29〕					
〔No. 30〕					

― 解　答 ―

No. 21	4	No. 22	2	No. 23	3	No. 24	5	No. 25	4
No. 26	1	No. 27	2	No. 28	5	No. 29	1	No. 30	2

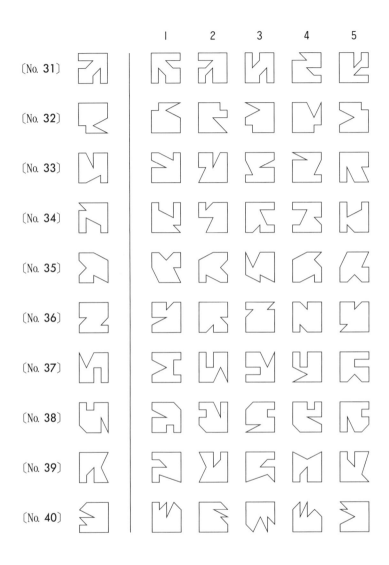

〔No. 31〕

〔No. 32〕

〔No. 33〕

〔No. 34〕

〔No. 35〕

〔No. 36〕

〔No. 37〕

〔No. 38〕

〔No. 39〕

〔No. 40〕

1 2 3 4 5

─── 解　答 ───

| No. 31 | l | No. 32 | 4 | No. 33 | 3 | No. 34 | l | No. 35 | 5 |
| No. 36 | 4 | No. 37 | 2 | No. 38 | 3 | No. 39 | 2 | No. 40 | l |

	1	2	3	4	5
〔No. 41〕					
〔No. 42〕					
〔No. 43〕					
〔No. 44〕					
〔No. 45〕					
〔No. 46〕					
〔No. 47〕					
〔No. 48〕					
〔No. 49〕					
〔No. 50〕					

--- 解 答 ---

No. 41	4	No. 42	3	No. 43	3	No. 44	1	No. 45	2
No. 46	2	No. 47	5	No. 48	1	No. 49	4	No. 50	5

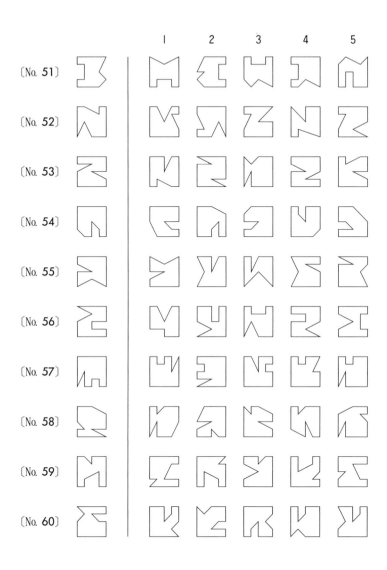

	I	2	3	4	5
〔No. 51〕					
〔No. 52〕					
〔No. 53〕					
〔No. 54〕					
〔No. 55〕					
〔No. 56〕					
〔No. 57〕					
〔No. 58〕					
〔No. 59〕					
〔No. 60〕					

── 解 答 ──

No. 51	3	No. 52	5	No. 53	4	No. 54	3	No. 55	2
No. 56	4	No. 57	I	No. 58	I	No. 59	5	No. 60	4

図形把握　D

―――**練 習 問 題**―――

〔検査Ⅳ〕　次の左の図と同じ形で，向きだけをかえたものを１～５から選べ。

　たとえば，〔例題１〕では，４の図が左の図と同じなので，４の □ を ■ のように塗りつぶす。

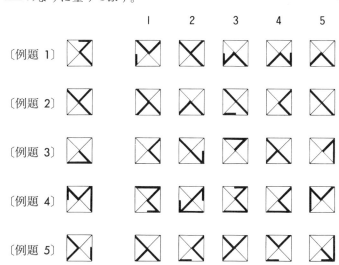

解　答

例題1　　4　　　例題2　　Ｉ　　　例題3　　5　　　例題4　　3　　　例題5　　4

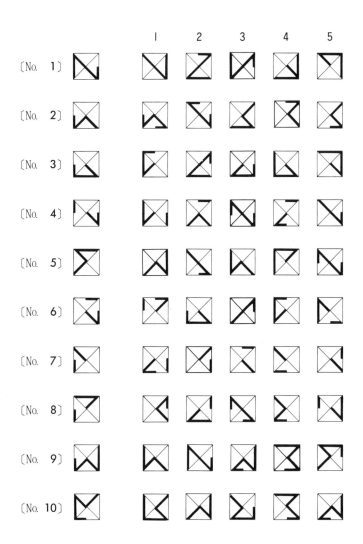

	1	2	3	4	5
〔No. 11〕					
〔No. 12〕					
〔No. 13〕					
〔No. 14〕					
〔No. 15〕					
〔No. 16〕					
〔No. 17〕					
〔No. 18〕					
〔No. 19〕					
〔No. 20〕					

─ 解　答 ─

No. 11	1	No. 12	2	No. 13	5	No. 14	3	No. 15	1
No. 16	4	No. 17	4	No. 18	2	No. 19	5	No. 20	3

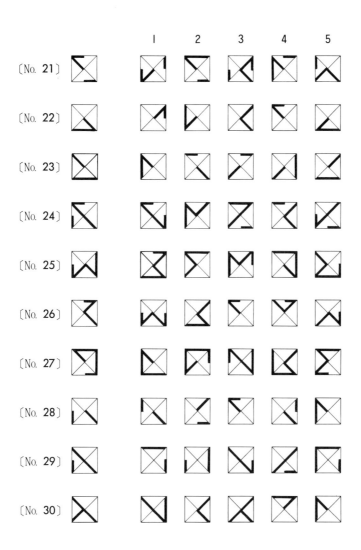

	1	2	3	4	5
〔No. 31〕					
〔No. 32〕					
〔No. 33〕					
〔No. 34〕					
〔No. 35〕					
〔No. 36〕					
〔No. 37〕					
〔No. 38〕					
〔No. 39〕					
〔No. 40〕					

─ 解 答 ─

No. 31	4	No. 32	2	No. 33	5	No. 34	3	No. 35	2
No. 36	1	No. 37	5	No. 38	4	No. 39	2	No. 40	2

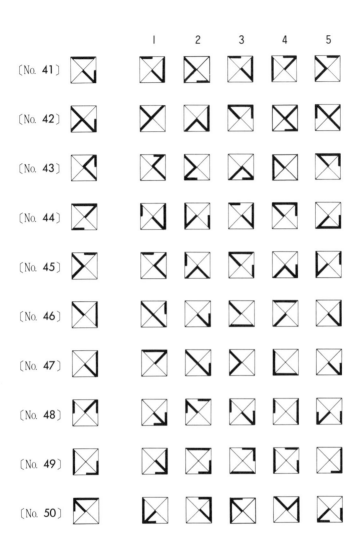

	1	2	3	4	5

〔No. 41〕

〔No. 42〕

〔No. 43〕

〔No. 44〕

〔No. 45〕

〔No. 46〕

〔No. 47〕

〔No. 48〕

〔No. 49〕

〔No. 50〕

	1	2	3	4	5

〔No. 51〕

〔No. 52〕

〔No. 53〕

〔No. 54〕

〔No. 55〕

〔No. 56〕

〔No. 57〕

〔No. 58〕

〔No. 59〕

〔No. 60〕

─ 解 答 ─

No. 51 2	No. 52 4	No. 53 2	No. 54 5	No. 55 2
No. 56 3	No. 57 4	No. 58 4	No. 59 4	No. 60 3

置換＋計算 Ａ

── 練 習 問 題 ──

〔検査Ⅰ〕　手引によって置き換えられた加減乗除の記号にしたがって計算し，その末尾の数字を答えよ。ただし，計算順序は加減乗除に関係なく，順序どおりとする。

　　たとえば，〔例題1〕では，14□2□7○1 ＝14×2÷7＋1　これを初めから順番に計算すると5となるので，解答らんの5の □ を ■ のように塗りつぶす。

（手引）	＋	－	×	÷
	○	△	□	□

〔例題 1〕　　14□2□7○1
〔例題 2〕　　7△3□7△5
〔例題 3〕　　6○30□12△2
〔例題 4〕　　8□3□6○1
〔例題 5〕　　7□3○4□5
〔例題 6〕　　3□4□2□8
〔例題 7〕　　5□2○8△3
〔例題 8〕　　7△5□4○4
〔例題 9〕　　6□3□8△2
〔例題10〕　　10□4○5□9

解　答

例題1	5	例題2	3	例題3	l	例題4	5	例題5	5
例題6	3	例題7	5	例題8	2	例題9	4	例題10	5

（手引）	＋	－	×	÷
	⌒	◖	⌣	◗

〔No. 1〕　3 ⌣ 2 ⌒ 5 ◖ 6

〔No. 2〕　8 ◖ 2 ⌣ 2 ◗ 6

〔No. 3〕　9 ⌒ 5 ◗ 2 ◗ 4

〔No. 4〕　4 ⌣ 3 ◖ 6 ⌒ 7

〔No. 5〕　13 ◖ 3 ◗ 2 ◗ 1

〔No. 6〕　14 ◗ 7 ⌣ 3 ◗ 6

〔No. 7〕　20 ◗ 2 ◖ 8 ◗ 2

〔No. 8〕　35 ◖ 5 ⌒ 4 ⌣ 3

〔No. 9〕　42 ⌣ 20 ◖ 11 ⌒ 5

〔No. 10〕　5 ⌣ 3 ⌒ 1 ◗ 8

〔No. 11〕　7 ◖ 3 ⌒ 2 ◖ 3

〔No. 12〕　19 ⌣ 4 ◖ 5 ⌒ 4

〔No. 13〕　3 ⌣ 6 ◖ 2 ◗ 4

〔No. 14〕　14 ⌒ 4 ◗ 1 ⌒ 5

〔No. 15〕　4 ◗ 4 ⌣ 5 ◗ 5

解　答

No. 1	5	No. 2	2	No. 3	3	No. 4	3	No. 5	5
No. 6	1	No. 7	1	No. 8	2	No. 9	4	No. 10	2
No. 11	2	No. 12	5	No. 13	4	No. 14	3	No. 15	1

（手引）	＋	－	×	÷
	⊥	▯•	⊤	•▯

〔No. 16〕　　5 ⊤ 3 ▯• 6 •▯ 3

〔No. 17〕　　7 ▯• 4 ⊥ 5 •▯ 2

〔No. 18〕　　15 •▯ 3 ▯• 3 ⊥ 3

〔No. 19〕　　17 •▯ 6 ⊥ 6 ⊤ 2

〔No. 20〕　　11 ⊤ 3 ⊥ 1 ▯• 2

〔No. 21〕　　6 ⊤ 3 ▯• 4 •▯ 3

〔No. 22〕　　19 ▯• 3 •▯ 2 ⊥ 5

〔No. 23〕　　12 •▯ 3 ▯• 1 ⊤ 4

〔No. 24〕　　9 •▯ 3 ⊥ 2 ▯• 1

〔No. 25〕　　7 ⊥ 4 ▯• 6 ▯• 4

〔No. 26〕　　7 ⊤ 3 ⊥ 2 ⊤ 4

〔No. 27〕　　8 •▯ 4 ▯• 9 ⊥ 3

〔No. 28〕　　7 ⊤ 4 ▯• 2 •▯ 13

〔No. 29〕　　14 •▯ 7 ⊤ 8 ▯• 1

〔No. 30〕　　3 ⊤ 3 ▯• 3 •▯ 2

━ 解　答 ━

No. 16	3	No. 17	4	No. 18	5	No. 19	4	No. 20	2
No. 21	1	No. 22	3	No. 23	2	No. 24	4	No. 25	1
No. 26	2	No. 27	1	No. 28	2	No. 29	5	No. 30	3

（手引）	＋	－	×	÷
	△	▷	▽	◁

〔No. 31〕　　1 ▽ 5 △ 6 ▷ 7

〔No. 32〕　　8 ◁ 2 ▽ 3 ◁ 4

〔No. 33〕　　9 △ 7 ◁ 2 ▷ 3

〔No. 34〕　10◁ 5 ▽ 6 △ 1

〔No. 35〕　15▷ 4 ▽ 3 △ 1

〔No. 36〕　16△ 2 ◁ 9 ▷ 1

〔No. 37〕　20◁ 4 ▽ 7 △10

〔No. 38〕　13▷ 2 △ 2 ▷ 1

〔No. 39〕　30◁ 6 ▽ 7 △ 7

〔No. 40〕　14▷ 2 ◁ 6 ▽ 2

〔No. 41〕　　8 ▷ 6 ▽ 7 △ 9

〔No. 42〕　　6 ▽ 7 ◁ 2 ◁ 7

〔No. 43〕　16◁ 2 △ 8 ▷ 1

〔No. 44〕　17▷ 3 ◁ 7 △ 9

〔No. 45〕　　2 ▽ 7 △ 1 ◁ 3

── **解　答** ──────────────────────────────────

No. 31	4	No. 32	3	No. 33	5	No. 34	3	No. 35	4
No. 36	1	No. 37	5	No. 38	2	No. 39	2	No. 40	4
No. 41	3	No. 42	3	No. 43	5	No. 44	1	No. 45	5

（手引）	＋	−	×	÷
	◇	♣	♤	♡

〔No.46〕　14◇18♣9◇1

〔No.47〕　16♡8♤3♣1

〔No.48〕　20◇4♡6♣2

〔No.49〕　19◇3♡2♤3

〔No.50〕　24♡6♤7◇6

〔No.51〕　15♣4◇1♡3

〔No.52〕　4◇9♣4♡3

〔No.53〕　13♣3♡2◇1

〔No.54〕　21♡3♣1◇5

〔No.55〕　16♡8◇3♣3

〔No.56〕　14♣5♡3♣2

〔No.57〕　36♡4◇2♤2

〔No.58〕　8♤7◇3♣4

〔No.59〕　11◇3♡2◇5

〔No.60〕　4◇24♡4♣3

解　答

No.46　4	No.47　5	No.48　2	No.49　3	No.50　4
No.51　4	No.52　3	No.53　3	No.54　1	No.55　2
No.56　1	No.57　2	No.58　5	No.59　2	No.60　4

置換＋計算 B

―― 練 習 問 題 ――

〔**検査II**〕　次の問題を手引1によって照合し，手引2によって計算し，その末尾の数字を答えよ。

たとえば〔例題1〕では，S＋G＋O＋B＝4＋3＋2＋6＝15となるので15の末尾の数字5と同じ番号の解答らんの5の □ を ■ のように塗りつぶす。

<table>
<tr><td>（手引1）</td><td>O</td><td>Z</td><td>C</td><td>K</td></tr>
<tr><td></td><td>F</td><td>A</td><td>S</td><td>N</td></tr>
<tr><td></td><td>Y</td><td>P</td><td>E</td><td>B</td></tr>
<tr><td></td><td>D</td><td>H</td><td>G</td><td>U</td></tr>
</table>

<table>
<tr><td>（手引2）</td><td>2</td><td>8</td><td>13</td><td>1</td></tr>
<tr><td></td><td>10</td><td>0</td><td>4</td><td>12</td></tr>
<tr><td></td><td>5</td><td>11</td><td>9</td><td>6</td></tr>
<tr><td></td><td>7</td><td>15</td><td>3</td><td>14</td></tr>
</table>

〔例題 1〕　　S＋G＋O＋B

〔例題 2〕　　Y＋E＋K＋D

〔例題 3〕　　U＋Z－P＋A

〔例題 4〕　　C＋S＋B＋P

〔例題 5〕　　H－N＋K＋E

〔例題 6〕　　E－S＋Y＋K

〔例題 7〕　　D＋H－K＋C

〔例題 8〕　　P＋E＋Z－C

〔例題 9〕　　A＋O＋H＋U

〔例題10〕　　N＋Y－D－B

解　答

例題1　　5　　例題2　　2　　例題3　　丨　　例題4　　4　　例題5　　3

例題6　　丨　　例題7　　4　　例題8　　5　　例題9　　丨　　例題10　　4

E	G	M	C
Q	B	T	K
S	I	F	V
X	L	W	A

（手引1）

0	6	15	8
13	2	11	4
7	10	1	12
14	3	9	5

（手引2）

〔No. 1 〕　　G＋A＋I－C

〔No. 2 〕　　Q＋W－V＋B

〔No. 3 〕　　M－L＋K－F

〔No. 4 〕　　T＋V－G＋S

〔No. 5 〕　　I－C＋L－K

〔No. 6 〕　　A＋M＋S－V

〔No. 7 〕　　B＋X－T＋C

〔No. 8 〕　　F＋G－A－F

〔No. 9 〕　　I－K＋W－T

〔No.10 〕　　L＋V－E＋S

〔No.11 〕　　C＋A＋B－X

〔No.12 〕　　G＋S－L＋M

〔No.13 〕　　K－E＋W＋I

〔No.14 〕　　Q－V＋A－L

〔No.15 〕　　T＋C＋G＋S

解　答

No. 1	3	No. 2	2	No. 3	5	No. 4	4	No. 5	1
No. 6	5	No. 7	3	No. 8	1	No. 9	4	No. 10	2
No. 11	1	No. 12	5	No. 13	3	No. 14	3	No. 15	2

V	P	S	J
T	B	O	A
R	H	W	U
E	Q	M	I

（手引1）

13	0	11	3
10	7	5	2
4	1	15	9
6	12	8	14

（手引2）

〔No. 16〕　V － M ＋ A － R

〔No. 17〕　R ＋ S － U ＋ O

〔No. 18〕　H ＋ E ＋ P － J

〔No. 19〕　T ＋ W － S － Q

〔No. 20〕　B － E ＋ V ＋ H

〔No. 21〕　M － A － R ＋ S

〔No. 22〕　I ＋ H ＋ O － E

〔No. 23〕　J ＋ Q － U ＋ B

〔No. 24〕　A － P ＋ E ＋ I

〔No. 25〕　T ＋ M ＋ O ＋ H

〔No. 26〕　U － R ＋ V － B

〔No. 27〕　O ＋ I － T ＋ E

〔No. 28〕　H ＋ A ＋ S ＋ M

〔No. 29〕　W － V ＋ R － O

〔No. 30〕　M ＋ J ＋ O ＋ B

─── 解　答 ───

No. 16	3	No. 17	1	No. 18	4	No. 19	2	No. 20	5
No. 21	3	No. 22	4	No. 23	3	No. 24	2	No. 25	4
No. 26	1	No. 27	5	No. 28	2	No. 29	1	No. 30	3

J	S	I	Q
B	L	O	W
K	Y	D	M
F	X	G	T

（手引1）

10	5	13	9
3	6	8	0
14	11	2	15
1	4	7	12

（手引2）

〔No. 31〕　　X + Q − J + Y

〔No. 32〕　　K − L − G − W

〔No. 33〕　　T + B − S − O

〔No. 34〕　　M + X + L − D

〔No. 35〕　　Y − Q + T + F

〔No. 36〕　　O + J − K + W

〔No. 37〕　　G + L + I − K

〔No. 38〕　　S + X + D + T

〔No. 39〕　　J − F − W − O

〔No. 40〕　　Q + M + B − D

〔No. 41〕　　F + Y − G − B

〔No. 42〕　　L − W + I + X

〔No. 43〕　　B + D + K − M

〔No. 44〕　　I − X − O + J

〔No. 45〕　　D + S + T − K

解　答

No. 31	4	No. 32	1	No. 33	2	No. 34	3	No. 35	5
No. 36	4	No. 37	2	No. 38	3	No. 39	1	No. 40	5
No. 41	2	No. 42	3	No. 43	4	No. 44	1	No. 45	5

H	Z	U	N
F	V	D	B
A	P	E	S
X	T	C	K

（手引1）

7	14	10	2
15	9	1	4
3	12	6	13
5	8	11	0

（手引2）

〔No. 46〕 　A + B + K + T

〔No. 47〕 　Z − X + D + S

〔No. 48〕 　E + V − H + B

〔No. 49〕 　C − H + F + N

〔No. 50〕 　S − U + T + A

〔No. 51〕 　N + E − X − K

〔No. 52〕 　V + C − F − B

〔No. 53〕 　P − D + H + Z

〔No. 54〕 　E + A + U − X

〔No. 55〕 　T − B + F + E

〔No. 56〕 　D + P + A + T

〔No. 57〕 　U − X + B − H

〔No. 58〕 　A + V + Z − C

〔No. 59〕 　X − D + U + V

〔No. 60〕 　F − N − T − B

置換＋計算　Ⓒ

── 練 習 問 題 ──

〔**検査**Ⅲ〕 次の計算式の記号を手引と照合し，計算した結果の第1位の数字を答えよ。

たとえば，〔例題1〕では，9＋3＋1＋9＋1＝23となるから，解答らんの3の □ を ■ のように塗りつぶす。

（手引）		A B C D E
	Ⅰ	7 2 6 5 1
	Ⅱ	8 4 9 3 2
	Ⅲ	7 5 1 9 8
	Ⅳ	3 2 8 6 4
	Ⅴ	6 7 5 9 2

〔例題 1〕　　ⅡC＋ⅣA＋ⅠE＋ⅤD＋ⅢC

〔例題 2〕　　ⅢD＋ⅡE＋ⅤB＋ⅣC＋ⅠA

〔例題 3〕　　ⅤE＋ⅢD＋ⅡA＋ⅠB＋ⅣE

〔例題 4〕　　ⅠC＋ⅤE＋ⅢC＋ⅡD＋ⅤD

〔例題 5〕　　ⅣD＋ⅠC＋ⅡD＋ⅣB＋ⅢE

〔例題 6〕　　ⅡE＋ⅢA＋ⅤB＋ⅣD＋ⅡE

〔例題 7〕　　ⅤD＋ⅡB＋ⅢC＋ⅣB＋ⅤD

〔例題 8〕　　ⅠD＋ⅢB＋ⅣA＋ⅠB＋ⅠC

〔例題 9〕　　ⅣB＋ⅤA＋ⅢE＋ⅡA＋ⅢD

〔例題10〕　　ⅡE＋ⅣA＋ⅠA＋ⅤC＋ⅣC

解　答

例題1	3	例題2	3	例題3	5	例題4	1	例題5	5
例題6	4	例題7	5	例題8	1	例題9	3	例題10	5

	A B C D E
（手引）I	1 4 8 6 5
II	3 2 9 7 4
III	8 5 3 6 1
IV	2 9 4 7 5
V	7 1 3 8 9

〔No. 1 〕　　ⅢA＋ⅤD＋ⅡD＋ⅠE＋ⅣC

〔No. 2 〕　　ⅠB＋ⅣE＋ⅤA＋ⅡB＋ⅢD

〔No. 3 〕　　ⅤC＋ⅢE＋ⅡA＋ⅠB＋ⅣA

〔No. 4 〕　　ⅣB＋ⅠC＋ⅢB＋ⅡA＋ⅤA

〔No. 5 〕　　ⅡC＋ⅤB＋ⅣC＋ⅠE＋ⅢD

〔No. 6 〕　　ⅠE＋ⅢD＋ⅠB＋ⅤC＋ⅣE

〔No. 7 〕　　ⅢC＋ⅣB＋ⅤA＋ⅤD＋ⅠB

〔No. 8 〕　　ⅤB＋ⅡD＋ⅠE＋ⅢB＋ⅣC

〔No. 9 〕　　ⅠC＋ⅣC＋ⅢE＋ⅡA＋ⅡD

〔No.10 〕　　ⅡE＋ⅢA＋ⅤB＋ⅣD＋ⅠB

〔No.11 〕　　ⅠA＋ⅣC＋ⅡA＋ⅢE＋ⅣE

〔No.12 〕　　ⅣD＋ⅡE＋ⅤD＋ⅠB＋ⅠA

〔No.13 〕　　ⅤC＋ⅢB＋ⅤD＋ⅣC＋ⅡE

〔No.14 〕　　ⅠA＋ⅠE＋ⅢD＋ⅤD＋ⅡA

〔No.15 〕　　ⅢD＋ⅤC＋ⅢE＋ⅣC＋ⅡD

─　解　答　─

No. 1	2	No. 2	4	No. 3	3	No. 4	2	No. 5	5
No. 6	3	No. 7	1	No. 8	2	No. 9	3	No. 10	4
No. 11	4	No. 12	4	No. 13	4	No. 14	3	No. 15	1

	A B C D E
I	5 3 8 6 2
II	6 4 9 7 3
III	9 1 3 6 9
IV	2 7 4 5 8
V	4 8 1 5 7

（手引）

〔No. 16 〕 　ⅤC＋ⅢC＋ⅣD＋ⅡC＋ⅠA

〔No. 17 〕 　ⅢB＋ⅤB＋ⅡC＋ⅤE＋ⅠD

〔No. 18 〕 　ⅡA＋ⅣC＋ⅠD＋ⅢB＋ⅤE

〔No. 19 〕 　ⅠC＋ⅤA＋ⅣD＋ⅢD＋ⅡC

〔No. 20 〕 　ⅣC＋ⅡA＋ⅠE＋ⅣD＋ⅤB

〔No. 21 〕 　ⅡC＋ⅠC＋ⅤE＋ⅢD＋ⅡE

〔No. 22 〕 　ⅠD＋ⅤE＋ⅣD＋ⅡC＋ⅣD

〔No. 23 〕 　ⅢA＋ⅡB＋ⅤA＋ⅢE＋ⅡD

〔No. 24 〕 　ⅤC＋ⅠA＋ⅠC＋ⅢD＋ⅣA

〔No. 25 〕 　ⅣD＋ⅡC＋ⅤE＋ⅠE＋ⅢB

〔No. 26 〕 　ⅠB＋ⅤC＋ⅣD＋ⅡE＋ⅢA

〔No. 27 〕 　ⅡE＋ⅣD＋ⅤA＋ⅡA＋ⅢD

〔No. 28 〕 　ⅢC＋ⅠD＋ⅣC＋ⅤB＋ⅡE

〔No. 29 〕 　ⅤE＋ⅣC＋ⅣA＋ⅡD＋ⅢC

〔No. 30 〕 　ⅡB＋ⅢD＋ⅤC＋ⅡC＋ⅣD

―― 解　答 ――

No. 16	3	No. 17	l	No. 18	4	No. 19	2	No. 20	5
No. 21	3	No. 22	2	No. 23	3	No. 24	2	No. 25	4
No. 26	l	No. 27	4	No. 28	4	No. 29	3	No. 30	5

	A	B	C	D	E
I	3	2	1	7	5
II	4	6	8	9	2
III	7	5	4	3	1
IV	9	6	7	8	2
V	1	4	8	2	9

（手引）

〔No. 31〕　　IV B ＋ I C ＋ II D ＋ III A ＋ V D

〔No. 32〕　　II D ＋ V B ＋ IV E ＋ I C ＋ II D

〔No. 33〕　　III B ＋ II C ＋ V E ＋ III C ＋ II B

〔No. 34〕　　 I D ＋ III E ＋ IV E ＋ IV A ＋ V D

〔No. 35〕　　 V A ＋ IV B ＋ III E ＋ I D ＋ II C

〔No. 36〕　　II D ＋ V A ＋ IV E ＋ V E ＋ III D

〔No. 37〕　　 I C ＋ II C ＋ V B ＋ III A ＋ IV E

〔No. 38〕　　IV C ＋ I A ＋ I D ＋ IV E ＋ II B

〔No. 39〕　　II C ＋ III D ＋ I C ＋ V B ＋ IV C

〔No. 40〕　　III D ＋ I D ＋ II E ＋ IV A ＋ I A

〔No. 41〕　　 V A ＋ II C ＋ IV B ＋ III E ＋ IV A

〔No. 42〕　　 I E ＋ V C ＋ III B ＋ II B ＋ IV A

〔No. 43〕　　IV B ＋ III D ＋ II C ＋ IV E ＋ V D

〔No. 44〕　　 V C ＋ IV A ＋ IV C ＋ V A ＋ II D

〔No. 45〕　　II C ＋ III A ＋ II E ＋ I D ＋ IV C

解　答

No. 31　5	No. 32　5	No. 33　2	No. 34　1	No. 35　3
No. 36　4	No. 37　2	No. 38　5	No. 39　3	No. 40　4
No. 41　5	No. 42　3	No. 43　1	No. 44　4	No. 45　1

	A B C D E
I	2 4 6 8 9
II	7 5 3 4 7
III	9 3 7 2 1
IV	8 5 6 2 9
V	1 4 3 8 5

（手引）

〔No. 46〕　　ⅠA＋ⅤC＋ⅣD＋ⅢE＋ⅡA

〔No. 47〕　　ⅣE＋ⅡB＋ⅢA＋ⅠE＋ⅤC

〔No. 48〕　　ⅢC＋ⅠB＋ⅡC＋ⅣD＋ⅠC

〔No. 49〕　　ⅤE＋ⅢB＋ⅣB＋ⅤC＋ⅡA

〔No. 50〕　　ⅡD＋ⅠE＋ⅤD＋ⅢD＋ⅣA

〔No. 51〕　　ⅣC＋ⅢB＋ⅡD＋ⅣD＋ⅠE

〔No. 52〕　　ⅣA＋ⅢB＋ⅣC＋ⅤD＋ⅡE

〔No. 53〕　　ⅡB＋ⅠB＋ⅤE＋ⅣA＋ⅢE

〔No. 54〕　　ⅠE＋ⅣB＋ⅢD＋ⅤB＋ⅡB

〔No. 55〕　　ⅤD＋ⅢD＋ⅤC＋ⅠC＋ⅡD

〔No. 56〕　　ⅢB＋ⅡA＋ⅣA＋ⅤA＋ⅢD

〔No. 57〕　　ⅡC＋ⅣA＋ⅤC＋ⅢA＋ⅠA

〔No. 58〕　　ⅠE＋ⅡB＋ⅢC＋ⅤA＋ⅣE

〔No. 59〕　　ⅣA＋ⅠE＋ⅤB＋ⅢA＋ⅡD

〔No. 60〕　　ⅡB＋ⅢA＋ⅣD＋ⅤC＋ⅠA

┌─ 解　答 ────────────────────────────────
No. 46	5	No. 47	5	No. 48	2	No. 49	3	No. 50	1
No. 51	4	No. 52	2	No. 53	3	No. 54	5	No. 55	3
No. 56	1	No. 57	5	No. 58	1	No. 59	4	No. 60	1

124

計算＋分類　Ⓐ

── 練 習 問 題 ──

〔**検査Ⅰ**〕次の計算式の結果を，手引により分類せよ。

　たとえば，〔例題1〕では，計算式の結果は11となり，それは手引の3のら
んに含まれるので，3の ▭ を ■■■ のように塗りつぶす。

（手引）	1	2	3	4	5
	0 ～ 3	4 ～ 9	10～12	13～16	17～20
	21～24	25～28	29～31	32～35	36～39

〔例題 1〕　$4 \div 2 + 6 + 3$

〔例題 2〕　$9 - 15 \div 5 + 8$

〔例題 3〕　$11 - 3 + 2 \times 7$

〔例題 4〕　$8 \times 2 - 6 + 9$

〔例題 5〕　$5 + 4 \times 4 + 5$

〔例題 6〕　$12 - 18 \div 6 - 6$

〔例題 7〕　$7 + 6 \times 3 + 8$

〔例題 8〕　$24 \div 4 + 12 + 18$

〔例題 9〕　$3 + 7 \times 4 - 5$

〔例題10〕　$6 + 6 - 18 \div 9$

解　答

例題1	3	例題2	4	例題3	1	例題4	5	例題5	2
例題6	1	例題7	4	例題8	5	例題9	2	例題10	3

〔No. 1〕 $4 + 5 \times 2 + 9$

〔No. 2〕 $16 \div 4 + 8 - 3$

〔No. 3〕 $11 - 6 + 21 \div 7$

〔No. 4〕 $12 + 3 \times 4 - 5$

〔No. 5〕 $8 \times 2 - 5 + 6$

〔No. 6〕 $9 \div 3 + 13 - 5$

〔No. 7〕 $5 + 30 \div 6 + 7$

〔No. 8〕 $2 + 8 + 4 \times 4$

〔No. 9〕 $7 - 24 \div 8 - 3$

〔No. 10〕 $14 + 3 - 5 \times 2$

〔No. 11〕 $11 - 8 \div 2 + 6$

〔No. 12〕 $9 \times 2 + 10 + 5$

〔No. 13〕 $6 + 15 - 14 \div 2$

〔No. 14〕 $3 + 4 \times 5 - 1$

〔No. 15〕 $48 \div 6 - 2 + 18$

━ 解　答 ━

No.	1	4	No.	2	3	No.	3	3	No.	4	5	No.	5	I
No.	6	2	No.	7	I	No.	8	3	No.	9	5	No.	10	3
No.	11	2	No.	12	I	No.	13	2	No.	14	4	No.	15	4

（手引）	1	2	3	4	5
	0 ～ 3	4 ～ 5	6 ～ 9	10 ～ 12	13 ～ 16
	17～21	22～26	27～28	29～31	32～34

〔No. 16〕 $6 + 20 \div 4 - 3$

〔No. 17〕 $36 \div 9 - 3 + 14$

〔No. 18〕 $2 + 11 + 14 \div 7$

〔No. 19〕 $13 - 28 \div 4 + 11$

〔No. 20〕 $20 + 3 \times 6 - 8$

〔No. 21〕 $9 + 4 + 5 \times 2$

〔No. 22〕 $14 - 6 \times 2 + 7$

〔No. 23〕 $5 \times 5 - 3 - 4$

〔No. 24〕 $8 - 27 \div 9 - 1$

〔No. 25〕 $11 - 2 + 7 \times 3$

〔No. 26〕 $12 \div 6 + 15 + 17$

〔No. 27〕 $3 + 24 \div 4 - 3$

〔No. 28〕 $17 - 8 + 2 \times 2$

〔No. 29〕 $6 \times 5 - 11 + 2$

〔No. 30〕 $4 + 3 \times 7 - 9$

── 解 答 ──

No. 16	3	No. 17	5	No. 18	5	No. 19	1	No. 20	4
No. 21	2	No. 22	3	No. 23	1	No. 24	2	No. 25	4
No. 26	5	No. 27	3	No. 28	5	No. 29	1	No. 30	5

〔No. 31〕 $12 \div 4 + 16 - 5$

〔No. 32〕 $3 - 18 \div 9 + 6$

〔No. 33〕 $1 + 7 + 4 \times 4$

〔No. 34〕 $8 \div 2 - 1 + 18$

〔No. 35〕 $5 + 3 \times 6 - 10$

〔No. 36〕 $17 - 25 \div 5 + 6$

〔No. 37〕 $6 + 8 - 8 \div 4$

〔No. 38〕 $11 - 5 \times 2 - 1$

〔No. 39〕 $7 \times 6 - 23 - 3$

〔No. 40〕 $14 + 8 - 9 \times 2$

〔No. 41〕 $8 - 26 \div 13 + 4$

〔No. 42〕 $9 \div 3 + 8 + 5$

〔No. 43〕 $20 - 2 - 24 \div 6$

〔No. 44〕 $5 + 7 \times 2 + 7$

〔No. 45〕 $36 \div 6 + 3 + 11$

解　答

No. 31	4	No. 32	3	No. 33	3	No. 34	2	No. 35	4
No. 36	1	No. 37	4	No. 38	1	No. 39	5	No. 40	2
No. 41	3	No. 42	5	No. 43	4	No. 44	3	No. 45	2

(手引)	I	2	3	4	5
	32～35	28～31	24～27	21～23	17～20
	13～16	10～12	7～9	5～6	0～4

〔No. 46〕　$7 + 2 \times 8 - 3$

〔No. 47〕　$6 - 1 + 5 \times 4$

〔No. 48〕　$18 \div 3 - 2 + 10$

〔No. 49〕　$11 - 24 \div 4 - 3$

〔No. 50〕　$9 + 8 + 6 \times 2$

〔No. 51〕　$4 + 2 \times 7 - 1$

〔No. 52〕　$5 - 28 \div 14 + 5$

〔No. 53〕　$6 \times 4 - 3 + 12$

〔No. 54〕　$13 - 6 \times 2 - 1$

〔No. 55〕　$8 \div 2 + 5 + 7$

〔No. 56〕　$17 - 8 + 4 \times 4$

〔No. 57〕　$10 + 3 - 36 \div 9$

〔No. 58〕　$21 \div 7 + 21 + 6$

〔No. 59〕　$9 + 4 \times 2 - 12$

〔No. 60〕　$18 + 11 - 3 \times 3$

解　答

No. 46	5	No. 47	3	No. 48	I	No. 49	5	No. 50	2
No. 51	5	No. 52	3	No. 53	I	No. 54	5	No. 55	I
No. 56	3	No. 57	3	No. 58	2	No. 59	4	No. 60	5

計算＋分類　B

---**練 習 問 題**---

〔**検査II**〕次の計算式の結果を手引によって分類せよ。

たとえば，〔例題1〕では，問題の計算式の結果は13となり，それは手引の2のらんに含まれる計算式17－4の結果と同じなので，2の□を■のように塗りつぶす。

（手引）	1	2	3	4	5
	$8 \div 4$	2×3	3×3	$12 \div 3$	2×7
	$12 - 2$	$17 - 4$	$2 - 1$	3×5	4×3
	1×3	$4 + 4$	$10 - 3$	$5 + 6$	$7 - 2$

〔例題 1〕　$10 + 3 \times 1$

〔例題 2〕　$(4 + 3) \times 2$

〔例題 3〕　$16 \div 4 + 6$

〔例題 4〕　$2 \times 9 - 9$

〔例題 5〕　$5 \times (8 - 5)$

〔例題 6〕　$19 - 12 \div 2$

〔例題 7〕　$(11 - 5) \times 2$

〔例題 8〕　$8 \times 2 - 5$

〔例題 9〕　$16 \div (7 + 1)$

〔例題10〕　$9 - 24 \div 3$

解 答

例題1	2	例題2	5	例題3	1	例題4	3	例題5	4
例題6	2	例題7	5	例題8	4	例題9	1	例題10	3

	1	2	3	4	5
（手引）	4 ＋ 3	5 － 2	8 ＋ 6	13 － 2	6 － 5
	5 × 2	2 × 6	2 × 2	5 × 3	4 × 2
	6 ÷ 3	4 ＋ 5	7 － 1	9 － 4	10 ＋ 3

〔No. 1〕 （10 － 7 ）× 4

〔No. 2〕 18 ÷ 3 ＋ 2

〔No. 3〕 2 ＋ 4 × 1

〔No. 4〕 1 ×（13 － 3 ）

〔No. 5〕 14 － 9 ÷ 3

〔No. 6〕 （ 5 ＋ 9 ）÷ 7

〔No. 7〕 3 × 7 － 6

〔No. 8〕 19 － 4 × 4

〔No. 9〕 7 ＋ 2 × 3

〔No. 10〕 20 ÷ 4 － 1

〔No. 11〕 6 ×（ 9 － 7 ）

〔No. 12〕 （11 ＋ 3 ）÷ 2

〔No. 13〕 5 × 3 － 6

〔No. 14〕 15 － 18 ÷ 9

〔No. 15〕 （ 4 － 3 ）× 5

┌─ 解　答 ─────────────────────────────────────┐
No. 1	2	No. 2	5	No. 3	3	No. 4	1	No. 5	4
No. 6	1	No. 7	4	No. 8	2	No. 9	5	No. 10	3
No. 11	2	No. 12	1	No. 13	2	No. 14	5	No. 15	4

	1	2	3	4	5
（手引）	5 − 3	2 × 5	18 − 3	5 + 4	12 ÷ 3
	6 + 7	3 + 2	1 × 1	18 − 4	5 + 2
	12 ÷ 2	1 + 7	4 × 3	2 + 1	6 + 5

〔No. 16〕　12 − 3 × 3

〔No. 17〕　(4 + 11) ÷ 3

〔No. 18〕　36 ÷ 6 + 7

〔No. 19〕　8 + 24 ÷ 8

〔No. 20〕　13 + 6 ÷ 3

〔No. 21〕　7 × 2 − 10

〔No. 22〕　(14 − 8) × 2

〔No. 23〕　42 ÷ 6 − 6

〔No. 24〕　2 + 4 × 3

〔No. 25〕　17 − 6 × 2

〔No. 26〕　20 ÷ 4 + 1

〔No. 27〕　9 − 18 ÷ 3

〔No. 28〕　4 × 2 + 5

〔No. 29〕　56 ÷ (6 + 2)

〔No. 30〕　(9 − 5) × 2

─ 解　答 ─

No. 16	4	No. 17	2	No. 18	1	No. 19	5	No. 20	3
No. 21	5	No. 22	3	No. 23	3	No. 24	4	No. 25	2
No. 26	1	No. 27	4	No. 28	1	No. 29	5	No. 30	2

	1	2	3	4	5
（手引）	9 − 7	4 − 3	4 + 7	2 + 5	15 − 2
	7 + 3	7 × 2	11 − 3	11 + 4	3 × 1
	10 ÷ 2	2 × 3	16 ÷ 4	6 × 2	14 − 5

〔No. 31〕　15 ÷ (7 − 2)

〔No. 32〕　8 × 2 − 11

〔No. 33〕　3 + 16 ÷ 4

〔No. 34〕　11 − 2 × 5

〔No. 35〕　4 × (9 − 6)

〔No. 36〕　9 × 2 − 7

〔No. 37〕　(12 + 8) ÷ 2

〔No. 38〕　28 ÷ 4 + 6

〔No. 39〕　10 − 18 ÷ 3

〔No. 40〕　5 × 4 − 11

〔No. 41〕　3 × (9 − 4)

〔No. 42〕　14 − 48 ÷ 6

〔No. 43〕　(8 − 5) × 3

〔No. 44〕　4 × 4 − 6

〔No. 45〕　8 + 21 ÷ 7

─ 解　答 ─

No. 31	5	No. 32	1	No. 33	4	No. 34	2	No. 35	4
No. 36	3	No. 37	1	No. 38	5	No. 39	3	No. 40	5
No. 41	4	No. 42	2	No. 43	5	No. 44	1	No. 45	3

〔No. 46〕　$8\div4+3$

〔No. 47〕　$(11+7)\div2$

〔No. 48〕　$5\times3-7$

〔No. 49〕　$24\div6+2$

〔No. 50〕　$49\div(4+3)$

〔No. 51〕　$2+4\times3$

〔No. 52〕　$36\div6+9$

〔No. 53〕　$1\times(11-5)$

〔No. 54〕　$(14+6)\div5$

〔No. 55〕　$7\times3-13$

〔No. 56〕　$5\times(8-6)$

〔No. 57〕　$21-4\times5$

〔No. 58〕　$40\div8+2$

〔No. 59〕　$(7-5)\times7$

〔No. 60〕　$18-5\times1$

計算＋分類 Ⓒ

─── 練 習 問 題 ───

〔検査Ⅲ〕次の式を計算し，その結果の末尾の数字を手引によって分類せよ。

たとえば，〔例題1〕では，計算式の結果は14となり，その末尾の数字4は手引の5のらんに含まれるので，5の ▭ を ■■ のように塗りつぶす。

（手引）	1	2	3	4	5
	2, 5	7, 1	6, 9	0, 3	8, 4

〔例題 1〕　　$12 - 4 \times 6 \div 8 + 5$

〔例題 2〕　　$18 \div 9 + 3 \times 3 - 1$

〔例題 3〕　　$20 \div 5 \times 4 - 6 + 17$

〔例題 4〕　　$2 \times 3 - 12 \div 2 + 11$

〔例題 5〕　　$8 + 15 \div 5 + 4 \times 3$

〔例題 6〕　　$11 - 5 \times 8 \div 10 + 5$

〔例題 7〕　　$28 \div 7 \times 3 - 2 + 16$

〔例題 8〕　　$6 \times 4 - 3 \times 3 - 11$

〔例題 9〕　　$21 \div 3 \times 2 + 8 - 6$

〔例題10〕　　$17 + 13 - 24 \div 6 \times 7$

解　答

例題1	5	例題2	4	例題3	2	例題4	2	例題5	4
例題6	1	例題7	3	例題8	5	例題9	3	例題10	1

（手引）

	1	2	3	4	5
	9, 2	4, 1	0, 7	3, 5	8, 6

〔No. 1〕 $4 \times 4 \div 8 + 11 + 4$

〔No. 2〕 $12 \div 6 + 3 \times 5 - 1$

〔No. 3〕 $14 - 3 + 5 \times 8 \div 10$

〔No. 4〕 $3 \times 2 - 24 \div 6 + 7$

〔No. 5〕 $21 + 8 - 6 \times 6 \div 4$

〔No. 6〕 $8 \div 2 \times 3 + 12 - 3$

〔No. 7〕 $5 \times 4 - 28 \div 4 + 5$

〔No. 8〕 $7 + 3 \times 10 \div 5 - 8$

〔No. 9〕 $9 \div 3 \times 6 - 8 + 11$

〔No. 10〕 $19 - 7 + 5 \times 6 \div 3$

〔No. 11〕 $4 + 32 \div 8 - 4 \times 2$

〔No. 12〕 $13 - 12 \div 6 \times 5 + 15$

〔No. 13〕 $42 \div 6 \times 3 - 6 - 11$

〔No. 14〕 $15 - 7 + 16 \div 2 \times 3$

〔No. 15〕 $2 + 21 \div 3 \times 4 - 15$

解　答

No. 1	3	No. 2	5	No. 3	4	No. 4	1	No. 5	3
No. 6	2	No. 7	5	No. 8	4	No. 9	2	No. 10	1
No. 11	3	No. 12	5	No. 13	2	No. 14	1	No. 15	4

（手引）	1	2	3	4	5
	9, 3	6, 8	4, 7	2, 0	5, 1

〔No. 16〕　$13 - 2 \times 5 + 28 \div 4$

〔No. 17〕　$16 \div 8 \times 6 - 2 + 9$

〔No. 18〕　$4 + 20 \div 5 \times 3 - 5$

〔No. 19〕　$17 - 5 - 36 \div 9 \times 2$

〔No. 20〕　$6 + 15 \div 3 + 4 \times 4$

〔No. 21〕　$24 \div 8 \times 9 - 17 - 2$

〔No. 22〕　$2 \times 5 + 14 \div 7 + 11$

〔No. 23〕　$4 - 18 \div 6 + 3 \times 3$

〔No. 24〕　$32 \div 4 \times 5 - 12 - 14$

〔No. 25〕　$16 - 7 \times 4 \div 14 + 12$

〔No. 26〕　$3 + 10 \div 5 + 6 \times 3$

〔No. 27〕　$8 \times 6 \div 4 - 9 + 8$

〔No. 28〕　$5 - 12 \times 2 \div 8 + 2$

〔No. 29〕　$19 - 17 + 6 \times 9 \div 3$

〔No. 30〕　$7 + 4 \times 4 - 36 \div 6$

解　答

No. 16	4	No. 17	1	No. 18	5	No. 19	3	No. 20	3
No. 21	2	No. 22	1	No. 23	4	No. 24	3	No. 25	2
No. 26	1	No. 27	5	No. 28	3	No. 29	4	No. 30	3

〔No. 31〕　$14 \div 7 \times 6 + 14 - 16$

〔No. 32〕　$5 + 9 \div 3 \times 15 + 3$

〔No. 33〕　$4 + 16 - 18 \div 6 \times 4$

〔No. 34〕　$8 \div 4 + 5 \times 2 - 6$

〔No. 35〕　$13 - 6 \times 5 \div 10 + 11$

〔No. 36〕　$7 + 8 - 3 \times 8 \div 4$

〔No. 37〕　$10 \div 2 \times 5 - 19 + 5$

〔No. 38〕　$8 - 3 \times 2 + 40 \div 8$

〔No. 39〕　$20 - 6 \div 3 \times 9 + 13$

〔No. 40〕　$6 \div 2 + 4 \times 5 - 3$

〔No. 41〕　$3 + 15 - 28 \div 7 \times 4$

〔No. 42〕　$9 - 21 \div 7 + 8 \times 2$

〔No. 43〕　$4 \div 4 \times 11 - 5 + 8$

〔No. 44〕　$7 + 18 \div 9 \times 3 - 12$

〔No. 45〕　$11 + 14 - 4 \times 9 \div 6$

---解　答---

No. 31	2	No. 32	5	No. 33	3	No. 34	1	No. 35	4
No. 36	2	No. 37	4	No. 38	4	No. 39	5	No. 40	2
No. 41	1	No. 42	1	No. 43	3	No. 44	4	No. 45	2

（手引）	1	2	3	4	5
	5，9	2，7	6，1	8，3	4，0

〔No. 46〕 $10 \div 2 \times 4 + 3 - 15$

〔No. 47〕 $11 - 6 \times 6 \div 9 + 7$

〔No. 48〕 $13 + 7 \quad 5 \times 8 \div 10$

〔No. 49〕 $2 + 24 \div 4 \times 3 + 12$

〔No. 50〕 $5 \times 3 - 12 \div 6 - 4$

〔No. 51〕 $6 + 7 \times 4 \div 2 + 15$

〔No. 52〕 $18 - 3 - 3 \times 10 \div 6$

〔No. 53〕 $4 \times 9 \div 3 - 5 + 11$

〔No. 54〕 $7 + 27 \div 9 \times 3 - 15$

〔No. 55〕 $1 \times 8 + 12 \div 6 + 12$

〔No. 56〕 $19 - 4 \times 4 + 21 \div 7$

〔No. 57〕 $15 \div 5 + 2 \times 3 + 5$

〔No. 58〕 $30 \div 6 \times 4 - 1 - 4$

〔No. 59〕 $12 - 4 + 6 \times 3 \div 9$

〔No. 60〕 $4 \times 9 \div 12 + 10 + 5$

─ 解 答 ─

No. 46	4	No. 47	5	No. 48	3	No. 49	2	No. 50	1
No. 51	1	No. 52	5	No. 53	4	No. 54	3	No. 55	2
No. 56	3	No. 57	5	No. 58	1	No. 59	5	No. 60	4

III　応用編

▶本編では，適性試験の意義，特色を理解し，そして，基本的な適性試験の形式を把握した段階で，さらにワンステップ応用し複雑化した試験形式を取り入れている。**問題数，実施時間も実際試験と同様，それぞれ 120 題，15分**としとして行なわれる。

▶本編では正確もさることながら，スピードも要求している。基本編で培った実力を本編で本番同様，適性試験問題の総仕上げとして実力づくりをしていただきたい。

▶応用編の練習にあたっての留意点は，次の通りである。

(1) はじめは解答時間をゆっくりとって，正確に解答することを心がけ，徐々に解答時間を短縮して，前と同じ問題数を同じ正確さで解答できるようにする。

(2) 自分にあった合理的で，かつ能率的な解答を研究する。

(3) 不得手な検査形式に重点をおいて研究し，征服するよう努力する。

(4) 最終的な目標として，80%以上の成績に近づける。

以上の点に留意し，1題でも多く，正しく解答する練習が必要である。練習をより多く重ねることが，試験形式をよりよく理解することになる。

1 計算＋分類・分類・図形把握

（練習時間　5分）

──── 練 習 問 題 ────

〔**検査Ⅰ**〕　左側の数式が成り立つために空欄に入る数字はいくつか。その数字を求め，その数字と同じ数が答えとなる数式を右側の1～5から選んで答えよ。
　　たとえば，〔例題1〕では，左側の数式が成り立つためには空欄に36が入る。36と同じ数字が答えとなる数式は4の「44—8」なので，正答は4となる。

		1	2	3	4	5	正答
〔例題1〕	□÷4＋14＝23	38÷2	13×3	16＋32	44—8	4×6	4
〔例題2〕	13＋□×2＝19	11—4	5＋1	3÷3	2×2	27÷9	5

〔**検査Ⅱ**〕　ローマ数字とアルファベットの組合せで示された手引の欄の中から，与えられた数字がどこにあるかを探し，答えのある箇所の数字を答えよ。
　　たとえば，〔例題3〕では，2349という数字は手引の「2331～2367」に含まれるので，Ⅱcとなり，正答は2となる。

（手引）		a	b	c
	Ⅰ	2235～2278 2368～2412	2016～2083 2594～2657	2413～2479 2196～2234
	Ⅱ	2084～2145 2527～2593	2480～2526 2279～2330	2331～2367 2146～2195

		1	2	3	4	5	正　答
〔例題3〕	2349	Ⅰa	Ⅱc	Ⅰc	Ⅱb	Ⅱa	2
〔例題4〕	2508	Ⅱc	Ⅰa	Ⅱa	Ⅰb	Ⅱb	5

〔**検査Ⅲ**〕　左の図形と同じ図形で向きだけを変えた図形を右の1～5から選んで答えよ。ただし，図形は裏返さないものとする。
　　たとえば，〔例題5〕では，5の図形が左の図形と同じなので，正答は5である。

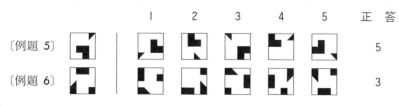

	I	2	3	4	5
〔No. 1〕 □−15÷3＝37	29＋22	7×5	44÷2	53−11	18×2
〔No. 2〕 8×□÷6＝12	16÷2	5＋4	18−6	15＋9	24÷4
〔No. 3〕 48÷□＋19＝27	13−7	4×2	3＋2	12÷3	9＋15
〔No. 4〕 □＋7×4＝41	8＋15	42−24	39÷3	9×3	14＋8
〔No. 5〕 5×14−□＝33	81÷3	25＋22	26−7	45−8	11×3
〔No. 6〕 □−12÷3＝15	9×2	36−15	4×4	33＋24	38÷2
〔No. 7〕 16÷□×7＝56	11−7	2×4	1＋1	9÷9	4＋12
〔No. 8〕 □×4÷5＝12	2＋8	60÷2	43−23	5×3	16＋9
〔No. 9〕 41−□÷3＝28	54−15	6×6	25＋17	36÷4	9×5
〔No. 10〕 22＋37−□＝45	4×3	19−3	16÷2	7＋5	42÷3

（手引）

		a	b	c
I		1241～1295 1636～1682	1460～1512 1858～1903	1080～1123 1562～1604
II		1124～1186 1712～1753	1348～1405 1683～1711	1792～1857 1187～1240
III		1296～1347 1605～1635	1513～1561 1034～1079	1754～1791 1406～1459

		I	2	3	4	5
〔No. 11〕	1526	IIa	Ic	IIIc	Ia	IIIb
〔No. 12〕	1742	IIIc	IIb	Ia	IIa	Ic
〔No. 13〕	1105	IIa	IIIb	IIc	Ic	Ia
〔No. 14〕	1223	IIc	Ia	IIIa	IIa	IIIc
〔No. 15〕	1374	Ib	IIIa	IIb	Ic	IIIb
〔No. 16〕	1628	IIIa	Ia	Ib	IIb	IIc
〔No. 17〕	1812	IIa	IIc	IIb	IIIa	Ib
〔No. 18〕	1475	IIc	Ib	Ic	IIa	IIIc
〔No. 19〕	1159	IIIb	IIIc	IIa	Ic	IIc
〔No. 20〕	1767	IIc	Ib	IIIa	IIa	IIIc

── 解 答 ──

No. 1	4	No. 2	2	No. 3	I	No. 4	3	No. 5	4
No. 6	5	No. 7	3	No. 8	4	No. 9	I	No. 10	5
No. 11	5	No. 12	4	No. 13	4	No. 14	I	No. 15	3
No. 16	I	No. 17	2	No. 18	2	No. 19	3	No. 20	5

		1	2	3	4	5
〔No. 21〕						
〔No. 22〕						
〔No. 23〕						
〔No. 24〕						
〔No. 25〕						
〔No. 26〕						
〔No. 27〕						
〔No. 28〕						
〔No. 29〕						
〔No. 30〕						

─ 解 答 ─

No. 21	4	No. 22	3	No. 23	1	No. 24	3	No. 25	5
No. 26	4	No. 27	2	No. 28	2	No. 29	1	No. 30	4

		1	2	3	4	5
〔No. 31〕	□＋48÷3＝23	4×3	25÷5	16－9	18÷2	8＋3
〔No. 32〕	13＋□－24＝15	50÷2	4＋18	4×6	29－8	42－16
〔No. 33〕	□－9×3＝16	7×6	78÷2	67－24	18＋35	3×11
〔No. 34〕	32÷2＋□＝47	9＋17	43－19	12×3	62÷2	51－6
〔No. 35〕	8×□÷3＝32	25－13	36÷6	7＋8	8×3	5＋4
〔No. 36〕	□＋4×4＝44	14＋29	31－3	6×7	35÷5	22－4
〔No. 37〕	60÷□－3＝9	32÷8	2×3	9＋3	11－6	35÷5
〔No. 38〕	□＋56÷4＝31	29－12	45÷3	4×4	6＋13	9×2
〔No. 39〕	□÷8＋18＝23	16×4	37＋43	41－17	48÷3	53－13
〔No. 40〕	18×4÷□＝24	14－8	27÷9	2×1	3＋5	6÷6

<table>
<tr><td rowspan="6">（手引）</td><td></td><td>a</td><td>b</td><td>c</td></tr>
<tr><td rowspan="2">I</td><td>3590～3634</td><td>3183～3227</td><td>3488～3507</td></tr>
<tr><td>3295～3340</td><td>3811～3842</td><td>3341～3382</td></tr>
<tr><td rowspan="2">II</td><td>3843～3912</td><td>3436～3487</td><td>3011～3065</td></tr>
<tr><td>3066～3129</td><td>3705～3763</td><td>3913～3992</td></tr>
<tr><td rowspan="2">III</td><td>3764～3810</td><td>3228～3294</td><td>3635～3704</td></tr>
</table>

| III | 3383～3435 | 3508～3589 | 3130～3182 |

		1	2	3	4	5
〔No. 41〕	3465	III a	II b	I c	II c	III b
〔No. 42〕	3147	I b	III a	III c	II a	I c
〔No. 43〕	3870	II a	I c	II b	III a	I a
〔No. 44〕	3219	I b	III b	I a	II c	III a
〔No. 45〕	3536	III c	I a	II c	I b	III b
〔No. 46〕	3054	I c	II c	III b	III a	II a
〔No. 47〕	3493	II b	III a	II c	I c	I a
〔No. 48〕	3682	III a	I a	III c	II b	III b
〔No. 49〕	3301	I c	II b	II c	III a	I a
〔No. 50〕	3798	III a	I c	III b	II c	II b

─── 解　答 ───

No. 31	3	No. 32	5	No. 33	3	No. 34	4	No. 35	1
No. 36	2	No. 37	4	No. 38	1	No. 39	5	No. 40	2
No. 41	2	No. 42	3	No. 43	1	No. 44	1	No. 45	5
No. 46	2	No. 47	4	No. 48	3	No. 49	5	No. 50	1

| | 1 | 2 | 3 | 4 | 5 |

〔No. 51〕

〔No. 52〕

〔No. 53〕

〔No. 54〕

〔No. 55〕

〔No. 56〕

〔No. 57〕

〔No. 58〕

〔No. 59〕

〔No. 60〕

─ 解　答 ─

| No. 51 | 3 | No. 52 | 2 | No. 53 | 3 | No. 54 | 1 | No. 55 | 5 |
| No. 56 | 5 | No. 57 | 4 | No. 58 | 3 | No. 59 | 3 | No. 60 | 5 |

		1	2	3	4	5
〔No. 61〕	$25-\square\div 2=14$	$50-24$	6×4	$5+17$	$60\div3$	$13+15$
〔No. 62〕	$\square\times6-39=21$	2×6	$11-3$	$26\div2$	$4+6$	$18\div2$
〔No. 63〕	$\square-7\times4=16$	$19+25$	$68\div2$	$65-23$	5×8	$5+28$
〔No. 64〕	$8\times\square\div3=72$	$18\div3$	$8+16$	9×4	$31-4$	$23-11$
〔No. 65〕	$54\div3+\square=34$	$4+4$	$39\div3$	$51-25$	2×7	$48\div3$
〔No. 66〕	$\square+27-43=18$	7×5	$23+15$	$48\div2$	$53-19$	6×6
〔No. 67〕	$13-\square\div3=6$	$16-4$	$42\div2$	5×3	4×6	$2+4$
〔No. 68〕	$24\div3\times\square=32$	3×2	$33-29$	$16\div2$	$3+4$	$20\div4$
〔No. 69〕	$\square+18-26=29$	$18+19$	9×3	$70\div2$	6×6	$43-9$
〔No. 70〕	$7\times\square\div5=42$	2×10	$56-21$	$14+16$	$60\div6$	5×8

（手引）		a	b	c
	I	6352~6407 6676~6713	6820~6873 6251~6287	6714~6784 6148~6192
	II	6021~6103 6785~6819	6934~6995 6408~6472	6473~6522 6904~6933
	III	6193~6250 6602~6675	6874~6903 6288~6351	6104~6147 6523~6601

		1	2	3	4	5
〔No. 71〕	6481	I c	III a	II c	I a	II b
〔No. 72〕	6059	II c	I b	II a	III c	I c
〔No. 73〕	6324	III c	II c	I b	I a	III b
〔No. 74〕	6173	I c	I a	III a	II b	II a
〔No. 75〕	6832	II a	III b	I c	I b	III c
〔No. 76〕	6205	III a	I b	II a	III c	I a
〔No. 77〕	6947	II c	III a	I b	I a	II b
〔No. 78〕	6690	III b	I a	III a	II c	I c
〔No. 79〕	6886	I b	III c	II a	III b	II b
〔No. 80〕	6794	II c	II a	III a	I c	I b

解　答

No. 61	3	No. 62	4	No. 63	1	No. 64	4	No. 65	5
No. 66	4	No. 67	2	No. 68	2	No. 69	1	No. 70	3
No. 71	3	No. 72	3	No. 73	5	No. 74	1	No. 75	4
No. 76	1	No. 77	5	No. 78	2	No. 79	4	No. 80	2

		1	2	3	4	5
〔No. 81〕						
〔No. 82〕						
〔No. 83〕						
〔No. 84〕						
〔No. 85〕						
〔No. 86〕						
〔No. 87〕						
〔No. 88〕						
〔No. 89〕						
〔No. 90〕						

	1	2	3	4	5
[No. 91] $\square \div 4 \times 9 = 54$	$5 + 7$	8×3	$12 - 4$	$40 \div 2$	$16 + 24$
[No. 92] $4 \times 13 - \square = 41$	7×3	$36 \div 4$	4×4	$8 + 3$	$25 - 6$
[No. 93] $15 + \square \div 4 = 23$	$24 \div 2$	$12 + 16$	2×18	$49 - 17$	8×3
[No. 94] $52 - 34 + \square = 38$	$19 - 1$	$44 \div 2$	$13 + 7$	5×5	$28 \div 2$
[No. 95] $\square \div 3 \times 5 = 60$	6×8	$25 - 4$	$60 \div 2$	$6 + 18$	$48 - 12$
[No. 96] $6 \times \square \div 12 = 4$	$3 - 1$	4×4	$23 - 15$	$40 \div 4$	$11 + 13$
[No. 97] $19 + \square - 41 = 1$	5×5	$43 - 24$	11×2	$14 + 9$	$72 \div 3$
[No. 98] $\square \div 9 \times 16 = 32$	$6 + 12$	12×3	$65 - 11$	$15 \div 5$	$5 + 4$
[No. 99] $\square - 35 \div 5 = 34$	13×3	$45 - 2$	$82 \div 2$	$23 + 29$	3×17
[No. 100] $63 \div 7 + \square = 38$	6×4	$14 + 15$	$41 - 24$	5×6	$38 \div 2$

		a	b	c
〔手引〕	I	8645〜8706 8194〜8253	8308〜8346 8759〜8810	8471〜8536 8038〜8072
	II	8865〜8923 8413〜8470	8073〜8121 8597〜8644	8707〜8758 8347〜8412
	III	8002〜8037 8537〜8596	8254〜8307 8811〜8864	8924〜8995 8122〜8193

		1	2	3	4	5
[No. 101]	8407	II c	III b	II a	I c	III a
[No. 102]	8769	I a	II c	I b	III a	II b
[No. 103]	8164	II c	III a	II a	III c	I c
[No. 104]	8529	I c	I b	III c	II b	III b
[No. 105]	8685	II b	I a	II a	III c	I c
[No. 106]	8091	III a	II a	I c	I a	II b
[No. 107]	8917	II a	I b	II b	III c	II c
[No. 108]	8273	I c	III a	I a	II b	III b
[No. 109]	8612	III b	II b	II c	I b	I a
[No. 110]	8980	II a	I c	II b	III c	III a

─── 解 答 ───

No. 91	2	No. 92	4	No. 93	4	No. 94	3	No. 95	5
No. 96	3	No. 97	4	No. 98	1	No. 99	3	No. 100	2
No. 101	1	No. 102	3	No. 103	4	No. 104	1	No. 105	2
No. 106	5	No. 107	1	No. 108	5	No. 109	2	No. 110	4

	1	2	3	4	5
〔No. 111〕					
〔No. 112〕					
〔No. 113〕					
〔No. 114〕					
〔No. 115〕					
〔No. 116〕					
〔No. 117〕					
〔No. 118〕					
〔No. 119〕					
〔No. 120〕					

┌─ 解　答 ─────────────────────────────

No. 111	4	No. 112	5	No. 113	4	No. 114	4	No. 115	2
No. 116	4	No. 117	3	No. 118	1	No. 119	5	No. 120	2

2 計算＋計算・置換・図形把握

── 練 習 問 題 ──

〔検査Ⅰ〕　次の3つの数式を計算し，その答えの最も大きい数から最も小さい数を差し引いた値を答えよ。ただし，2つが同じ答えで1つだけ異なる場合，大きい数から小さい数を差し引くものとする。答えは1〜5以外にはならない。

　たとえば，〔例題1〕では，数式をそれぞれ計算すると，答えは22，19，20となる。最も大きい数22から最も小さい数19を差し引くと，その差は3となるので，正答は3である。

			正　答
〔例題1〕　$26 \div 2 + 9$	$14 + 15 \div 3$	5×4	3
〔例題2〕　$41 - 14 \div 2$	$70 \div 2$	$7 + 9 \times 3$	1

〔検査Ⅱ〕　左側の5つの文字と矢印（↑，↓，→，←のいずれか）の組合せを右側の文字と順番に照合し，手引に従っていくつ正しく置き換えられているかを答えよ。ただし，記号の矢印は，手引の文字のマス目の↑は上，↓は下，→は右，←は左のマス目に隣接する文字に置き換えることを指示している。

　たとえば，〔例題3〕では，「く→」は「せ」，「あ↑」は「し」，「け↓」は「か」，「さ→」は「お」，「え←」は「そ」となり，正しく置き換えられているのは4つなので，正答は4である。

	け	う	し	き
（手 引）	か	す	あ	こ
	い	く	せ	た
	さ	お	そ	え

		正　答
〔例題3〕　く→あ↑け↓さ→え←	せしいおそ	4
〔例題4〕　た↑す←せ↑う←お→	きあそけく	1

〔**検査**Ⅲ〕 左の図形と同じで向きだけを変えた図形を右の１～５から選ん
で答えよ。ただし，図形は裏返さないものとする。

たとえば，〔例題５〕では，４の図形が左の図形と同じなので，正答は４
である。

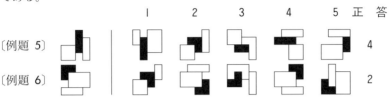

153

〔No. 1〕	$39 \div 3 + 11$	$6 \times 5 - 7$	$7 + 18$
〔No. 2〕	8×7	$45 + 35 \div 5$	$12 \div 3 \times 14$
〔No. 3〕	$19 + 2 \times 6$	$53 - 17$	$4 \times 7 + 5$
〔No. 4〕	$46 \div 2$	$8 \times 5 - 18$	$6 + 34 \div 2$
〔No. 5〕	$14 \times 3 \div 2$	$33 - 45 \div 5$	$64 \div 4 + 3$
〔No. 6〕	$34 \div 2 - 1$	$27 \div 3 + 8$	$42 - 23$
〔No. 7〕	$13 + 49$	$11 + 9 \times 6$	$18 \div 3 \times 11$
〔No. 8〕	$16 \times 2 - 5$	$43 - 19$	$54 - 5 \times 5$
〔No. 9〕	$55 - 4 \times 9$	$28 \div 2 + 7$	6×3
〔No. 10〕	$7 + 45 \div 3$	$31 - 4 \times 3$	$44 \div 4 + 9$

（手引）

そ	け	う	て	ぬ
な	く	さ	こ	き
せ	い	た	か	と
え	し	つ	に	あ
ち	の	お	す	ね

〔No. 11〕	か↓な→お←さ↓け←	にくのたそ
〔No. 12〕	い→ね↑て↓せ↑の→	たあこなお
〔No. 13〕	つ↓て→た↑く←え↓	のぬつそち
〔No. 14〕	あ↑こ↓う↓し→そ→	にてくちけ
〔No. 15〕	す←と←に↓ち↑ぬ↓	あかつえき
〔No. 16〕	こ→た←そ↓い↑す↑	さいせしね
〔No. 17〕	せ↓お↑ぬ←か→し↓	えつてこの
〔No. 18〕	く↑て←き↓ね←ち→	けぬとすお
〔No. 19〕	う→あ←の←え↑さ←	こたちしい
〔No. 20〕	と↓さ↓ち→に←ね←	おこのうす

解　答

No. 1	2	No. 2	4	No. 3	5	No. 4	I	No. 5	5
No. 6	3	No. 7	4	No. 8	5	No. 9	3	No. 10	3
No. 11	5	No. 12	5	No. 13	2	No. 14	I	No. 15	3
No. 16	I	No. 17	4	No. 18	3	No. 19	I	No. 20	2

	1	2	3	4	5
〔No. 21〕					
〔No. 22〕					
〔No. 23〕					
〔No. 24〕					
〔No. 25〕					
〔No. 26〕					
〔No. 27〕					
〔No. 28〕					
〔No. 29〕					
〔No. 30〕					

― 解　答 ―

| No. 21 | 2 | No. 22 | 3 | No. 23 | 3 | No. 24 | 4 | No. 25 | 5 |
| No. 26 | 2 | No. 27 | 1 | No. 28 | 5 | No. 29 | 4 | No. 30 | 2 |

〔No. 31〕	$9 \times 6 - 2$	$5 + 11 \times 4$	$13 + 35$
〔No. 32〕	$56 \div 8$	$19 - 22 \div 2$	$4 \times 3 - 5$
〔No. 33〕	$13 \times 5 - 47$	7×3	$18 \div 2 + 7$
〔No. 34〕	$51 - 3 \times 6$	$18 \div 2 + 25$	$7 \times 7 - 12$
〔No. 35〕	$26 + 15$	$62 - 3 \times 6$	$15 + 48 \div 2$
〔No. 36〕	$17 + 36 \div 3$	$9 \times 5 - 19$	$43 - 15$
〔No. 37〕	$9 \div 3 + 11$	$35 - 22$	$4 \times 7 \div 2$
〔No. 38〕	$4 \times 8 - 7$	$13 + 3 \times 3$	$39 - 4 \times 4$
〔No. 39〕	$18 + 19$	$56 - 34 \div 2$	$42 \div 3 + 24$
〔No. 40〕	$9 + 3 \times 7$	$84 \div 3$	$7 \times 5 - 6$

（手引）

ス	エ	ト	コ	ウ
ツ	ナ	イ	チ	ノ
ク	シ	セ	ネ	キ
ア	タ	カ	ソ	テ
ニ	ケ	ヌ	オ	サ

〔No. 41〕	テ↑ク↓ト→ケ←セ↓	サアエツネ
〔No. 42〕	ヌ→ナ←キ←ア↓ウ←	オツネニノ
〔No. 43〕	イ←ソ↓ス→ノ←カ←	チカエナヌ
〔No. 44〕	サ↑コ←シ↓カ→エ→	テイタソナ
〔No. 45〕	ニ→セ↑オ→ネ↑タ←	アカサチケ
〔No. 46〕	ネ↑ツ→コ→ヌ↑キ↓	チナトカテ
〔No. 47〕	ケ→イ↑ウ↓ソ↑ト←	ヌトノネエ
〔No. 48〕	タ↑ネ→サ←コ↓ツ↑	シセテケス
〔No. 49〕	チ←ア→テ↓ナ↑セ→	イタソエオ
〔No. 50〕	ニ↑オ↑ノ↑シ←オ←	アソウクヌ

解　答

No. 31	4	No. 32	1	No. 33	5	No. 34	4	No. 35	5
No. 36	3	No. 37	1	No. 38	3	No. 39	2	No. 40	2
No. 41	1	No. 42	4	No. 43	1	No. 44	3	No. 45	2
No. 46	4	No. 47	5	No. 48	2	No. 49	3	No. 50	5

	1	2	3	4	5
〔No. 51〕					
〔No. 52〕					
〔No. 53〕					
〔No. 54〕					
〔No. 55〕					
〔No. 56〕					
〔No. 57〕					
〔No. 58〕					
〔No. 59〕					
〔No. 60〕					

── 解 答 ──

| No. 51 | 3 | No. 52 | 5 | No. 53 | 2 | No. 54 | 1 | No. 55 | 4 |
| No. 56 | 3 | No. 57 | 4 | No. 58 | 2 | No. 59 | 5 | No. 60 | 1 |

〔No. 61〕	$19-35\div 7$	$4\times 3+1$	$46-29$
〔No. 62〕	$5+32-9$	2×16	$9+3\times 6$
〔No. 63〕	$8+11$	$21-4\div 2$	$40-5\times 5$
〔No. 64〕	$49\div 7+28$	3×11	$6\times 8-12$
〔No. 65〕	$6\times 9-5$	$72-27$	$34+4\times 4$
〔No. 66〕	$31-23$	$45\div 5-1$	$6\times 6\div 4$
〔No. 67〕	$58\div 2-3$	$11+13$	$42-34\div 2$
〔No. 68〕	$66-7\times 4$	$48\div 3+23$	8×5
〔No. 69〕	$42\div 6+10$	$8\times 8\div 4$	$18\div 3+7$
〔No. 70〕	$34-25$	$5+2\times 3$	$17-8+5$

（手引）

れ	め	を	る	ふ
ひ	ろ	ほ	わ	む
ね	み	ら	ん	や
ま	ぬ	も	は	よ
り	へ	え	ゆ	な

〔No. 71〕	よ↑ひ↓ほ→え→め→	なねらゆろ
〔No. 72〕	ん↓へ←ふ←ら↓ゆ←	はりるまな
〔No. 73〕	ね→は↓を→や←り↑	みもるんほ
〔No. 74〕	も←ろ↑む←ぬ↑な←	ぬめわみゆ
〔No. 75〕	る↓ま→わ↓れ→み→	れねんめら
〔No. 76〕	ゆ→を↓ね↓も↑ろ←	えほみねひ
〔No. 77〕	ふ↓ぬ→り→や↓る↓	むをへよわ
〔No. 78〕	ま↑を↓ゆ↑ひ↑ら→	ねほはれん
〔No. 79〕	ろ→む↓は←な↑ぬ↓	らわもまひ
〔No. 80〕	ほ←え←ま↑よ↓め←	るへねなむ

─── 解　答 ───

No. 61	4	No. 62	5	No. 63	4	No. 64	3	No. 65	5
No. 66	1	No. 67	2	No. 68	2	No. 69	4	No. 70	5
No. 71	2	No. 72	3	No. 73	3	No. 74	5	No. 75	3
No. 76	2	No. 77	4	No. 78	5	No. 79	1	No. 80	2

	1	2	3	4	5

〔No. 81〕

〔No. 82〕

〔No. 83〕

〔No. 84〕

〔No. 85〕

〔No. 86〕

〔No. 87〕

〔No. 88〕

〔No. 89〕

〔No. 90〕

── 解 答 ──

No. 81	3	No. 82	1	No. 83	5	No. 84	5	No. 85	4
No. 86	5	No. 87	3	No. 88	1	No. 89	2	No. 90	3

[No. 91]	$8+9\times2$	$6\times6-13$	$42-17$
[No. 92]	$7\times2\times3$	$57-17$	$9+3\times11$
[No. 93]	$62\div2$	$44\div2+6$	$54-7\times3$
[No. 94]	$3\times14-23$	$24\div8\times5$	$9+6$
[No. 95]	$50-9\times3$	$4+17$	$18\div3\times4$
[No. 96]	$8\times8-15$	$9+3\times13$	$74-26$
[No. 97]	$4\div2\times17$	$28+27\div3$	$7\times8-20$
[No. 98]	$39-21$	$45\div3-2$	$4+5\times2$
[No. 99]	$43-6\times3$	3×8	$7\times7-25$
[No. 100]	$30\div3+19$	$52\div2+2$	$13+18$

（手引）

ヘ	メ	ル	ン	ミ
ラ	ウ	ヒ	ヤ	オ
ヲ	ホ	ア	ム	レ
ハ	ロ	ワ	ヨ	フ
ユ	リ	マ	エ	モ

[No. 101]	ヨ→ウ↑ハ→ミ↓リ←	ワメロオエ
[No. 102]	ヒ↑モ←レ←ワ↑ン→	ルエムマミ
[No. 103]	ホ↓ヤ→エ↑ヘ→マ↑	ロオヨメワ
[No. 104]	フ←メ↓ロ↓ア↑ユ↑	モウリヒヘ
[No. 105]	ム↑ヲ→レ←ル↓ラ↑	アウムンヘ
[No. 106]	ヤ↓ユ→ラ↓ロ→オ←	ムモヲフヤ
[No. 107]	エ→ミ←ヨ↓ホ↑フ↑	ヨオマウレ
[No. 108]	ヒ←オ↓メ←マ→ヲ↑	ワンヤエフ
[No. 109]	ア→ヘ↓リ→ン←モ↑	ヒラユルワ
[No. 110]	ユ→ワ→ル←ム←メ→	リヨメアン

	1	2	3	4	5

〔No. 111〕

〔No. 112〕

〔No. 113〕

〔No. 114〕

〔No. 115〕

〔No. 116〕

〔No. 117〕

〔No. 118〕

〔No. 119〕

〔No. 120〕

― 解 答 ―

No. 111	1	No. 112	5	No. 113	3	No. 114	1	No. 115	4
No. 116	5	No. 117	2	No. 118	4	No. 119	2	No. 120	3

3 置換＋計算・照合・図形把握

――― 練 習 問 題 ―――

〔検査Ⅰ〕　次の黒く塗られたり，斜線を引かれたマス目を手引に従って数字に置き換える。黒く塗られたものは，その数字すべての和を求め，斜線を引かれたものは，その数字の一番大きい数字と一番小さい数字の差を求める。それぞれの数を求めたら，指示された加減乗除の記号に従って計算を行ない，その結果の一の位の数を答えよ。ただし，答えは1～5以外にはならない。

　　たとえば，〔例題1〕では，左側のマス目の黒く塗られている部分を手引に従って数字に置き換えると「3，6，8」となり，その和は「17」となる。中央のマス目の斜線を引かれた部分を手引に従って数字に置き換えると「17，2，18」となり，一番大きい数字と一番小さい数字の差は「16」となる。右側のマス目の斜線を引かれた部分を手引に従って数字に置き換えると「13，10，14」となり，その差は「4」となる。それぞれの数を指示された記号に従って計算すると「17＋16÷4」となるので，その結果は21となる。一の位の数は1なので，正答は1である。〔例題2〕も同様にして，それぞれの数を求めて計算すると，「6×9－31」となるので，正答は3となる。

7	13	3	17
2	6	11	9
10	5	14	18
4	8	16	1

（手引）

正　答

〔例題1〕　■ ＋ ▨ ÷ ▨　　　　　　　　　1

〔例題2〕　■ × ■ － ■　　　　　　　　　3

〔**検査**II〕 右側にある 3 文字の漢字の羅列のうち，左側に掲げてある漢字だけからなるものがいくつあるかを調べ，その数を答えよ。

たとえば，〔例題 3〕では「久少化」，「山与少」，「化井与」の 3 つの漢字の羅列が，左側の漢字だけからなるもので，「井万土」，「子久工」は左に掲げてある漢字と異なる漢字が入っているので，正答は 3 である。

			正　答
〔例題 3〕	工少与万山久井化	久少化 井万土 山与少 化井与 子久工	3
〔例題 4〕	華迷降針速紙託高	降記迷 針純華 高迷紙 速荷針 紙託降	2

〔**検査**III〕 左側の図形を点線を中心に左右対称に拡げ，向きだけを変えた図形として正しいものは右の 1 ～ 5 のうちどれか。

たとえば，〔例題 5〕では，左側の図形を点線を中心に左右対称に拡げた

図形は ⬚ となり，これと同じ向きだけを変えた図形は 2 の図形なので，

正答は 2 となる。

		1	2	3	4	5	正　答
〔例題 5〕							2
〔例題 6〕							5

3	8	12	9
14	5	2	27
1	10	7	15
24	6	20	4

（手引）

〔No. 1〕 ▨ ÷ ▨ ＋ ▨　　〔No. 6〕 ▨ × ▨ ÷ ▨

〔No. 2〕 ▨ － ▨ × ▨　　〔No. 7〕 ▨ ÷ ▨ ＋ ▨

〔No. 3〕 ▨ ＋ ▨ － ▨　　〔No. 8〕 ▨ ＋ ▨ ÷ ▨

〔No. 4〕 ▨ ÷ ▨ × ▨　　〔No. 9〕 ▨ × ▨ ＋ ▨

〔No. 5〕 ▨ ÷ ▨ ＋ ▨　　〔No. 10〕 ▨ － ▨ ÷ ▨

〔No. 11〕	上口川士丈刀丸仏	刀土口	丈川丸	士久力	川上口	丈九上
〔No. 12〕	万入山井夕之大七	夕万大	之山井	入七山	井之方	大之七
〔No. 13〕	弓千乙下今子中才	今乙才	千中弓	子下今	乙弓千	中才子
〔No. 14〕	公反天午仁円分女	円友分	仁女公	牛分天	女任反	分円夫
〔No. 15〕	元区収日市手引化	化収手	区引元	日市化	引双区	手元白
〔No. 16〕	文比王犬水心内止	心王木	止支比	水太内	文止王	北内犬
〔No. 17〕	世功丘写仕兄冊月	冊丘世	仕兄月	写功冊	兄月丘	世冊仕
〔No. 18〕	付句占処外刊去片	刊句片	去古付	外処句	片去処	占付外
〔No. 19〕	左広加他可札台父	父加司	広台他	札左父	台加広	可礼加
〔No. 20〕	由氷込末民立示及	立及氷	氏込由	末示立	込永及	未由示

── 解　答 ──
No. 1	5	No. 2	1	No. 3	3	No. 4	2	No. 5	5
No. 6	2	No. 7	4	No. 8	3	No. 9	5	No. 10	1
No. 11	2	No. 12	4	No. 13	5	No. 14	1	No. 15	3
No. 16	1	No. 17	5	No. 18	4	No. 19	3	No. 20	2

	1	2	3	4	5
〔No. 21〕					
〔No. 22〕					
〔No. 23〕					
〔No. 24〕					
〔No. 25〕					
〔No. 26〕					
〔No. 27〕					
〔No. 28〕					
〔No. 29〕					
〔No. 30〕					

── 解　答 ──

No. 21	5	No. 22	2	No. 23	5	No. 24	1	No. 25	3
No. 26	4	No. 27	3	No. 28	5	No. 29	2	No. 30	1

18	4	28	11
10	6	16	1
3	25	9	5
7	2	12	8

〔手引〕

〔No. 31〕 ▢ － ▢ ÷ ▢　　〔No. 36〕 ▢ － ▢ ÷ ▢

〔No. 32〕 ▢ × ▢ 　　　　〔No. 37〕 ▢ ÷ ▢ × ▢

〔No. 33〕 ▢ ÷ ▢ × ▢　　〔No. 38〕 ▢ ＋ ▢ － ▢

〔No. 34〕 ▢ ＋ ▢ ÷ ▢　　〔No. 39〕 ▢ － ▢ ＋ ▢

〔No. 35〕 ▢ × ▢ － ▢　　〔No. 40〕 ▢ × ▢ ÷ ▢

〔No. 41〕 交企仮充同皮両件　皮企件　充交向　両仮先　同伴企　交皮両
〔No. 42〕 再共列全吉仲在印　全印再　仲列吉　存再共　印仲別　吉全仲
〔No. 43〕 回壮好各成地式宇　式名回　成好字　地壮成　宇各武　状成好
〔No. 44〕 年江安竹行次机有　有竹次　江机年　行安竹　次有机　年江有
〔No. 45〕 朱多米劣毎曲考西　毎朱多　孝劣米　曲西失　米毎努　多考曲
〔No. 46〕 早衣自虫州色宅旭　宅自早　旭州虫　衣色宅　早旭目　色虫衣
〔No. 47〕 何克住判兵否初労　否判克　往労兵　初伺判　兵告住　克初何
〔No. 48〕 事囲助坑伯吹利妙　助沙坑　利囲柏　事吹助　抗事利　囲妙次
〔No. 49〕 局作児序坂応図完　板作完　序図局　児床作　応局児　図完坂
〔No. 50〕 均廷折国尾低志形　志国折　低廷形　尾均低　国形忘　折均延

解　答									
No. 31	3	No. 32	1	No. 33	2	No. 34	4	No. 35	5
No. 36	1	No. 37	4	No. 38	5	No. 39	4	No. 40	1
No. 41	2	No. 42	3	No. 43	1	No. 44	5	No. 45	2
No. 46	4	No. 47	2	No. 48	1	No. 49	3	No. 50	3

	1	2	3	4	5
〔No. 51〕					
〔No. 52〕					
〔No. 53〕					
〔No. 54〕					
〔No. 55〕					
〔No. 56〕					
〔No. 57〕					
〔No. 58〕					
〔No. 59〕					
〔No. 60〕					

──── 解 答 ────

No. 51	3	No. 52	3	No. 53	4	No. 54	1	No. 55	5
No. 56	2	No. 57	3	No. 58	5	No. 59	4	No. 60	1

6	4	10	3
14	1	8	15
9	26	5	19
21	7	13	2

〔手引〕

〔No. 61〕 ☐ ＋ ☐ ÷ ☐　　〔No. 66〕 ☐ － ☐ ＋ ☐

〔No. 62〕 ☐ × ☐ － ☐　　〔No. 67〕 ☐ ÷ ☐ ＋ ☐

〔No. 63〕 ☐ － ☐ ＋ ☐　　〔No. 68〕 ☐ ＋ ☐ × ☐

〔No. 64〕 ☐ ÷ ☐ × ☐　　〔No. 69〕 ☐ ＋ ☐ － ☐

〔No. 65〕 ☐ × ☐ ÷ ☐　　〔No. 70〕 ☐ ÷ ☐ ＋ ☐

〔No. 71〕	技来我声改谷戻抑	改技抑	攻来谷	戻我声	柳谷戻	声抑来
〔No. 72〕	寿冲抜弟近杉系身	系沖形	弟寿身	近抜寿	沖糸弟	身杉抜
〔No. 73〕	社穴防育言粉束私	育束粉	言社私	防穴育	束粉社	私言束
〔No. 74〕	択邦材足没阪花麦	没那麦	阪足村	沢花阪	材麦足	花没走
〔No. 75〕	里迎状佳舎並画京	佳京迎	並里状	画舎並	状迎京	舎画佳
〔No. 76〕	到侍味具垂刷宙取	宙制味	待取垂	具味到	取宙侍	垂其刷
〔No. 77〕	受担卓呼効奈券和	券呼和	卓奈受	担効卓	知受奈	効呼担
〔No. 78〕	宗幸承実学委抽店	委承届	奉店学	幸実抽	宗季承	居学実
〔No. 79〕	担官妹所定昔径忠	昔担忠	定宮径	所妹担	定念妹	官昔所
〔No. 80〕	彼果屈始或房枚明	始枚彼	或屈明	房果或	彼明牧	果始屈

― 解　答 ―

No. 61	5	No. 62	1	No. 63	2	No. 64	4	No. 65	1
No. 66	4	No. 67	3	No. 68	4	No. 69	1	No. 70	5
No. 71	3	No. 72	3	No. 73	5	No. 74	1	No. 75	5
No. 76	2	No. 77	4	No. 78	1	No. 79	3	No. 80	4

	1	2	3	4	5
〔No. 81〕					
〔No. 82〕					
〔No. 83〕					
〔No. 84〕					
〔No. 85〕					
〔No. 86〕					
〔No. 87〕					
〔No. 88〕					
〔No. 89〕					
〔No. 90〕					

― 解 答 ―

No. 81	2	No. 82	1	No. 83	3	No. 84	1	No. 85	5
No. 86	3	No. 87	4	No. 88	1	No. 89	2	No. 90	2

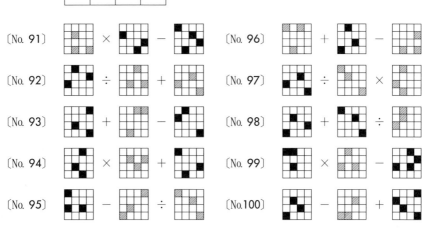

〔No. 101〕 治律歩返服屋英促	歩芽治	屋服律	捉返英	律歩屋	沿促返
〔No. 102〕 係東封枠法物勉度	物係度	強枠東	法封係	枠度法	東勉物
〔No. 103〕 直峠泣指武斉空削	斉峠則	武指直	突泣斉	削峠指	空江直
〔No. 104〕 柄若奏政点怒背施	奏怒施	背点政	若施柄	政奏肯	怒政若
〔No. 105〕 持秒昭架春津発紀	昭紀持	津架発	秒紀春	発持津	春昭紀
〔No. 106〕 虹界送省食借展皇	展界借	虹倉皇	省迷借	界盾展	借星送
〔No. 107〕 祈貞美修科害計員	美貝修	料祈害	計負美	員害祈	訂修科
〔No. 108〕 香偉重城涙革基時	革香時	涙基域	重偉革	香城偉	時基重
〔No. 109〕 差原記徒容租高索	高記素	原租差	徒索容	祖高記	容差従
〔No. 110〕 配書掘島敗挙速宿	宿書配	挙敗堀	速鳥宿	掘配書	島挙速

━ 解 答 ━				
No. 91 3	No. 92 4	No. 93 5	No. 94 2	No. 95 2
No. 96 1	No. 97 5	No. 98 2	No. 99 4	No. 100 3
No. 101 2	No. 102 4	No. 103 2	No. 104 4	No. 105 5
No. 106 1	No. 107 2	No. 108 4	No. 109 2	No. 110 3

	1	2	3	4	5
〔No. 111〕					
〔No. 112〕					
〔No. 113〕					
〔No. 114〕					
〔No. 115〕					
〔No. 116〕					
〔No. 117〕					
〔No. 118〕					
〔No. 119〕					
〔No. 120〕					

解 答

No. 111	4	No. 112	2	No. 113	5	No. 114	5	No. 115	3
No. 116	1	No. 117	1	No. 118	2	No. 119	4	No. 120	2

4 置換＋計算・照合＋分類・図形把握

── 練 習 問 題 ──

〔**検査Ⅰ**〕　次の与えられた3つの（　　）内を，それぞれ図形の種類に応じ，手引の処理に従って1つの数に置き換える。その数を加減乗除記号に従って計算し，その結果の一の位の数を答えよ。ただし，答えは1〜5以外にはならない。

　たとえば，〔例題1〕では，3つの（　　）内を図形の種類に応じて1つの数にすると，36と38の大きいほうの数で38，6と2の小さいほうの数で2，24と31の差で7となる。これらの数を与えられた式に従って計算すると，$38 \div 2 - 7 = 12$となり，一の位の数は2なので，正答は2である。

（手引）

◇	2つの数の和
○	2つの数の差（絶対値）
□	2つの数のうち大きいほうの数
△	2つの数のうち小さいほうの数

正　答

〔例題1〕　$(36 \square 38) \div (6 \triangle 2) - (24 \bigcirc 31)$　　　　2

〔例題2〕　$(2 \diamondsuit 4) + (8 \bigcirc 12) \times (7 \square 5)$　　　　4

〔**検査Ⅱ**〕　右側の文の中に，左に掲げてある3つのひらがなが全部でいくつあるかを調べ，その数が手引の1〜5のどの欄にあるかを答えよ。

　たとえば，〔例題3〕では，右側の文の中に「の，づ，て」のひらがなは全部で4つある。この数は手引の5の欄にあるので，正答は5である。

（手引）

1	2	3	4	5
5	6	2	8	0
7	1	9	3	4

正　答

〔例題3〕の づ て｜おやゆずりのむてつぽうでこどものときからそんばかりして　5

〔例題4〕つ ろ ま｜いつのまにかねているまくらもとへそばゆをもつてきてくれ　5

172

〔**検査**Ⅲ〕 左の正方形の構成部分（小片）を裏返したりすることなく移動させて，その構成部分と同じものでできあがっているものを，右の1〜5の図形から選んで答えよ。

たとえば，〔例題5〕では，左の正方形の構成部分（小片）と同じものでできている図形は3の図形なので，正答は3である。

		1	2	3	4	5	正　答
〔例題5〕							3
〔例題6〕							5

（手引）		
○	2つの数の和	
◇	2つの数の差（絶対値）	
△	2つの数のうち大きいほうの数	
□	2つの数のうち小さいほうの数	

〔No. 1〕 $(23◇52)−(18□25)÷(2○1)$
〔No. 2〕 $(54△47)÷(24◇27)+(18□17)$
〔No. 3〕 $(4○5)×(30□16)÷(6△4)$
〔No. 4〕 $(75□71)−(6○2)×(43◇50)$
〔No. 5〕 $(19△28)÷(29◇33)×(6□11)$
〔No. 6〕 $(8○7)+(62□36)÷(9◇13)$
〔No. 7〕 $(91□85)÷(5△3)−(8○6)$
〔No. 8〕 $(63△59)+(35◇43)×(7□4)$
〔No. 9〕 $(4○7)×(13□5)+(25◇43)$
〔No. 10〕 $(18□26)÷(4◇2)×(6△4)$

（手引）	1	2	3	4	5
	5	4	8	9	0
	2	1	6	3	7

〔No. 11〕 は う か｜どこのがつこうへはいろうとかんがえたががくもんはしよう
〔No. 12〕 ん た じ｜せきじゆんはいつでもしたからかんじようするほうがべんり
〔No. 13〕 も い と｜じぶんでもおかしいとおもつたがくじようをいうわけもない
〔No. 14〕 ろ さ は｜かえりがけにのぞいてみるとすずしそうなへやがたくさんあ
〔No. 15〕 ふ む す｜それからもうしつけられたとおりひとりひとりのまえへいつ
〔No. 16〕 い に ら｜こののちいつはいれるかわからないからようふくをぬいでゆ
〔No. 17〕 る え く｜どうせつるものならはやくひきこしておちつくほうがべん
〔No. 18〕 て つ ね｜てがみをかいてしまつたらいいこころもちになつてねむけが
〔No. 19〕 ら こ あ｜このくらいのことならあさつてはおろかあしたからはじめろ
〔No. 20〕 ゆ は な｜いちばんまえのれつのまんなかにいたいちばんつよそうなや

━ 解 答 ━

No. 1	3	No. 2	5	No. 3	1	No. 4	5	No. 5	2
No. 6	4	No. 7	3	No. 8	5	No. 9	3	No. 10	4
No. 11	3	No. 12	3	No. 13	5	No. 14	2	No. 15	5
No. 16	3	No. 17	4	No. 18	3	No. 19	5	No. 20	1

	1	2	3	4	5

〔No. 21〕

〔No. 22〕

〔No. 23〕

〔No. 24〕

〔No. 25〕

〔No. 26〕

〔No. 27〕

〔No. 28〕

〔No. 29〕

〔No. 30〕

─ 解 答 ─

No. 21	2	No. 22	2	No. 23	5	No. 24	1	No. 25	3
No. 26	3	No. 27	4	No. 28	2	No. 29	4	No. 30	3

（手引）		
◇	2つの数の和	
♣	2つの数の差（絶対値）	
♡	2つの数のうち大きいほうの数	
♠	2つの数のうち小さいほうの数	

〔No. 31〕　(48♡59)＋(29◇25)÷(15♣24)
〔No. 32〕　(9◇6)×(5♠7)＋(23♠16)
〔No. 33〕　(84♡78)÷(41♠45)－(8◇9)
〔No. 34〕　(27♣33)×(24♠18)÷(9♡7)
〔No. 35〕　(34◇41)÷(3♡2)＋(46♠55)
〔No. 36〕　(26◇27)－(11♡14)×(45♣42)
〔No. 37〕　(37♣18)×(2♠6)＋(12◇15)
〔No. 38〕　(28◇42)÷(7♣12)×(6♠3)
〔No. 39〕　(22♣34)×(4♡7)＋(46♣27)
〔No. 40〕　(43♠37)＋(21♣39)÷(2♡3)

（手引）	I	2	3	4	5
	9	5	2	7	8
	4	0	6	I	3

〔No. 41〕　て　は　ま　｜わからなければわかるまでまつているがいいとこたえてやつ
〔No. 42〕　た　い　か　｜いくらげつきゆうでかわれたからだだつてあいたじかんまで
〔No. 43〕　く　と　な　｜ずいぶんみようなひともいるからなとちゆうこくがましいこ
〔No. 44〕　よ　は　ろ　｜できないのをできないというのにふしぎがあるもんかそんな
〔No. 45〕　き　や　と　｜とうきようにおつたときでもそばやのまえをとおつてやくみ
〔No. 46〕　ら　ま　な　｜あんまりはらがたつたからそんななまいきなやつはおしえな
〔No. 47〕　な　こ　ひ　｜なんでこんなせまくるしいはなのさきがつかえるようなとこ
〔No. 48〕　た　お　と　｜こどものときからともだちのうちへとまつたことはほとんど
〔No. 49〕　り　し　こ　｜きようしもせいともかえつてしまつたあとでひとりぽかんと
〔No. 50〕　め　て　そ　｜あいてがちいさすぎるからいきおいよくなげつけるわりにき

解　答									
No. 31	5	No. 32	I	No. 33	4	No. 34	2	No. 35	I
No. 36	I	No. 37	5	No. 38	2	No. 39	3	No. 40	3
No. 41	I	No. 42	4	No. 43	2	No. 44	2	No. 45	4
No. 46	5	No. 47	3	No. 48	3	No. 49	5	No. 50	4

		1	2	3	4	5
〔No. 51〕						
〔No. 52〕						
〔No. 53〕						
〔No. 54〕						
〔No. 55〕						
〔No. 56〕						
〔No. 57〕						
〔No. 58〕						
〔No. 59〕						
〔No. 60〕						

─── 解 答 ───

No. 51	5	No. 52	1	No. 53	2	No. 54	3	No. 55	3
No. 56	2	No. 57	5	No. 58	4	No. 59	4	No. 60	1

〔No. 61〕　（23○47）×（5◇6）－（25△22）
〔No. 62〕　（42□40）÷（2□6）×（7○16）
〔No. 63〕　（20◇19）＋（15△13）－（22□20）
〔No. 64〕　（18△25）－（54□42）÷（6◇7）
〔No. 65〕　（96○14）÷（2◇4）＋（16□24）
〔No. 66〕　（35◇33）＋（14□10）×（7○5）
〔No. 67〕　（24□50）÷（4◇2）－（2△11）
〔No. 68〕　（23○32）×（7△3）＋（14□5）
〔No. 69〕　（81◇63）÷（3□1）－（8△9）
〔No. 70〕　（35○82）＋（21△4）－（31◇47）

（手引）

	1	2	3	4	5
	6	0	4	9	8
	3	5	7	2	1

〔No. 71〕　き　か　た
〔No. 72〕　て　さ　こ
〔No. 73〕　す　ら　い
〔No. 74〕　あ　は　も
〔No. 75〕　ろ　こ　に
〔No. 76〕　れ　や　て
〔No. 77〕　か　の　な
〔No. 78〕　ぬ　ほ　た
〔No. 79〕　む　を　ひ
〔No. 80〕　り　す　け

しかしだれがしたときかれたときにしりごみをするようなひ
いままであんなにせわになつてべつだんありがたいともおも
うそをついてばつをにげるくらいならはじめからいたずらな
ろうかのはずれからつきがさしてはるかむこうがきわどくあ
いくらにんげんがひきようだつてこんなにひきようにできる
しゆくちよくをしてはなつたれこぞうにからかわれててのつ
よのなかにしようじきがかたないでほかにかつものがあるか
はやくかおをあらつてあさめしをくわないとじかんにまにあ
いまさらおどろきもしないがふたりでいけばすむところをな
ひのひかりがだんだんよわつてきてすこしはひやりとするか

	1	2	3	4	5
〔No. 81〕					
〔No. 82〕					
〔No. 83〕					
〔No. 84〕					
〔No. 85〕					
〔No. 86〕					
〔No. 87〕					
〔No. 88〕					
〔No. 89〕					
〔No. 90〕					

─── 解 答 ───

No. 81	4	No. 82	2	No. 83	1	No. 84	2	No. 85	5
No. 86	3	No. 87	4	No. 88	1	No. 89	3	No. 90	5

手引		
♠	2つの数の和
♡	2つの数の差（絶対値）
♢	2つの数のうち大きいほうの数
♣	2つの数のうち小さいほうの数

〔No. 91〕 (31♢24) + (33♡49) × (2♣3)
〔No. 92〕 (46♡34) × (6♢8) − (14♠31)
〔No. 93〕 (23♠27) − (20♣11) + (34♢29)
〔No. 94〕 (48♢22) ÷ (2♠4) × (9♣10)
〔No. 95〕 (17♡32) × (7♢5) − (8♠3)
〔No. 96〕 (18♢21) ÷ (9♣3) + (51♡79)
〔No. 97〕 (46♡37) + (36♢44) − (17♠25)
〔No. 98〕 (40♣73) − (15♠9) ÷ (3♢1)
〔No. 99〕 (5♡8) × (48♢84) ÷ (4♠2)
〔No. 100〕 (60♣55) ÷ (2♠3) + (19♡53)

手引	1	2	3	4	5
	6	9	7	0	1
	3	5	2	8	4

〔No. 101〕 すうこ｜せんこうのけむりのようなくもがすきとおるそこのうえをし
〔No. 102〕 もなし｜それにしてもよのなかはふしぎなものだむしのすかないやつ
〔No. 103〕 んはま｜どくりつしたにんげんがあたまをさけるのはひやくまんりょ
〔No. 104〕 らこち｜つじつまのあわないろんりにかけたちゆうもんをしててんぜ
〔No. 105〕 てたに｜うけあつたことをうらへまわつてほごにするようなさもしい
〔No. 106〕 はつう｜かいぎというものはうまれてはじめてだからとんとようすが
〔No. 107〕 のちも｜まいにちいきつけたのをいちにちでもかかすのはこころもち
〔No. 108〕 にらそ｜ふだんからてんちのあいだにいそうろうをしているようにち
〔No. 109〕 かんけ｜こういうたんじゅんなにんげんだからいままでのけんかはま
〔No. 110〕 ほくお｜はやくきしやがくればいいがなとはなしあいてがいなくなつ

─ 解 答 ─

No. 91	3	No. 92	1	No. 93	3	No. 94	2	No. 95	4
No. 96	5	No. 97	1	No. 98	2	No. 99	2	No. 100	5
No. 101	1	No. 102	4	No. 103	1	No. 104	5	No. 105	1
No. 106	2	No. 107	4	No. 108	5	No. 109	4	No. 110	1

	I	2	3	4	5
〔No. 111〕					
〔No. 112〕					
〔No. 113〕					
〔No. 114〕					
〔No. 115〕					
〔No. 116〕					
〔No. 117〕					
〔No. 118〕					
〔No. 119〕					
〔No. 120〕					

―― 解 答 ――

No. 111	5	No. 112	5	No. 113	3	No. 114	5	No. 115	3
No. 116	4	No. 117	I	No. 118	2	No. 119	5	No. 120	3

5 　置換＋計算＋分類・置換・図形把握

── 練 習 問 題 ──

〔**検査Ⅰ**〕　A，B，Cの値をそれぞれ求め，手引に従って指示された計算式にその数値を置き換えて計算し，その結果と同じ数字がある箇所の番号を答えよ。

　　たとえば，〔例題1〕では，Aの値は3，Bの値は11，Cの値は8となる。手引のイの式にそれぞれの値を置き換えて計算すると，3×11－2×8＋4×3＝33－16＋12となり，結果は29である。これは選択枝の2の位置にある数字と同じなので，正答は2である。

$$
\begin{array}{c|l}
\text{ア} & 2\,A \div C + B \\
\text{イ} & 3\,B - 2\,C + 4\,A \\
\text{ウ} & C \times A - 2\,B
\end{array}
$$

	A	B	C	手引	1	2	3	4	5	正　答
〔例題1〕	24÷8	6＋5	2×4	イ	17	29	37	49	52	2
〔例題2〕	11－4	3×3	12÷2	ウ	51	40	30	24	18	4

〔**検査Ⅱ**〕　次のハイフンで区切られた5つのアルファベットと手引の羅列表を対応させ，正しく数字に置き換えられているものがどれかを答えよ。ただし，ハイフンで区切った左側の2つの小文字は手引の縦の欄を，右側の3つの大文字は横の欄をそれぞれ示している。また，1番目の小文字と3つの大文字の組を手引に従って順番に数字に置き換えたものは上段に，2番目の小文字と3つの大文字の組を数字に置き換えたものは下段に記している。

　　たとえば，〔例題3〕では，「ｈｆ－ＢＥＡ」は，ｈ－ＢＥＡが上段，ｆ－ＢＥＡが下段に記される。手引に従ってｈ欄のＢＥＡの数字を見ていくと「111」，ｆ欄のＢＥＡは「001」となり，上下段とも正しいのは5となるので，正答は5である。

	A	B	C	D	E
f	1	0	1	0	0
g	0	1	0	1	0
h	1	1	1	0	1
i	0	0	1	1	0
j	1	0	0	1	1

（手引）

	1	2	3	4	5	正答
〔例題3〕 hf－BEA	111 010	011 101	101 001	110 011	111 001	5
〔例題4〕 jg－ECD	101 001	001 011	101 101	010 001	011 010	1

〔検査Ⅲ〕 左端に示された図形を指示された角度だけ（角度は円と矢印で示される）回転させたときの形として，正しいものを右の1～5から選んで答えよ。

たとえば，〔例題5〕では，左端の図形を右に90度回転させたものは4の図形なので，正答は4である。

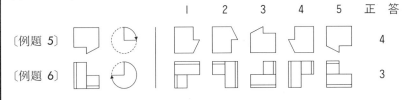

	1	2	3	4	5	正答
〔例題5〕						4
〔例題6〕						3

	A	B	C	手引	1	2	3	4	5
〔No. 1〕	4 ÷ 2	11 － 3	1 ＋ 4	オ	16	19	21	23	25
〔No. 2〕	2 ＋ 1	2 × 2	15 － 6	イ	36	30	24	18	12
〔No. 3〕	12 ÷ 3	25 － 12	3 ＋ 2	エ	43	41	39	37	35
〔No. 4〕	10 － 6	4 ＋ 2	24 ÷ 6	ウ	36	24	18	12	9
〔No. 5〕	5 ＋ 3	3 × 3	8 － 2	ア	16	18	20	22	24
〔No. 6〕	4 ÷ 4	14 － 5	6 ＋ 5	イ	26	29	33	35	37
〔No. 7〕	2 × 6	16 ÷ 2	3 － 1	ウ	2	4	6	8	10
〔No. 8〕	3 × 2	4 ＋ 3	10 ÷ 5	ア	17	19	21	23	25
〔No. 9〕	13 － 7	27 ÷ 3	8 ＋ 9	オ	22	23	24	25	26
〔No. 10〕	8 ＋ 4	2 × 7	1 × 2	エ	54	53	52	51	50

─ 解 答 ─

No. 1	3	No. 2	5	No. 3	2	No. 4	3	No. 5	4
No. 6	1	No. 7	2	No. 8	4	No. 9	2	No. 10	1

	A	B	C	D	E
f	0	0	1	0	1
g	1	1	0	0	0
h	1	0	1	1	1
i	0	1	0	1	0
j	1	1	1	0	1

（手引）

		1	2	3	4	5
〔No. 11〕	i f － E B C	010 / 110	110 / 011	001 / 100	010 / 101	101 / 010
〔No. 12〕	h g － A C D	111 / 110	101 / 100	011 / 010	111 / 100	110 / 011
〔No. 13〕	j i － D A B	011 / 101	111 / 010	011 / 110	110 / 101	010 / 011
〔No. 14〕	g j － C E A	101 / 111	001 / 110	100 / 111	010 / 011	001 / 111
〔No. 15〕	f h － B D E	001 / 011	011 / 101	001 / 010	101 / 111	001 / 110
〔No. 16〕	h i － C A D	110 / 101	111 / 001	111 / 011	101 / 110	011 / 001
〔No. 17〕	g f － A B E	101 / 101	001 / 100	110 / 001	101 / 000	110 / 100
〔No. 18〕	i g － B E C	100 / 010	101 / 100	010 / 101	100 / 100	001 / 110
〔No. 19〕	j h － D C B	101 / 001	011 / 110	110 / 010	011 / 101	101 / 110
〔No. 20〕	f j － E D C	101 / 110	011 / 110	101 / 101	100 / 010	101 / 010

解　答

No. 11　4	No. 12　4	No. 13　1	No. 14　5	No. 15　1
No. 16　2	No. 17　3	No. 18　4	No. 19　2	No. 20　3

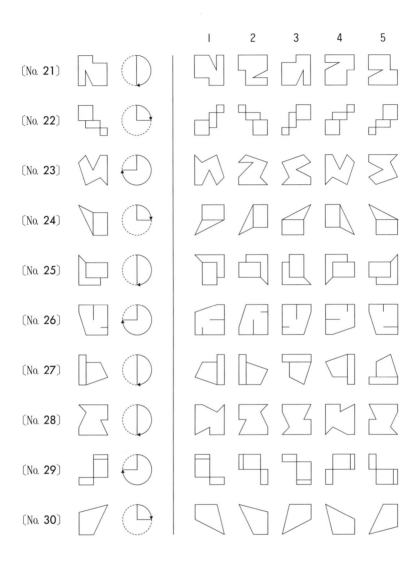

（手引）		
ア	5 B － 4 A ÷ C
イ	3 A × C ＋ 2 B
ウ	6 B ÷ A － 3 C
エ	A × 2 C － B
オ	4 C ÷ B × 2 A

	A	B	C	手引		1	2	3	4	5
〔No. 31〕	3 ＋ 8	21 ÷ 3	8 ÷ 4	ア		19	17	15	13	11
〔No. 32〕	9 － 4	3 × 6	13 － 9	エ		2	18	22	28	32
〔No. 33〕	3 ÷ 1	12 － 5	2 ＋ 1	ウ		5	7	9	11	13
〔No. 34〕	7 － 5	2 ＋ 4	4 × 3	オ		4	8	16	24	32
〔No. 35〕	4 ÷ 4	2 × 2	22 － 7	イ		32	38	44	49	53
〔No. 36〕	7 ＋ 4	14 ÷ 2	1 × 2	エ		44	37	30	27	15
〔No. 37〕	20 ÷ 5	15 － 9	6 ＋ 3	オ		36	42	48	54	60
〔No. 38〕	10 × 2	8 ＋ 6	15 ÷ 3	ア		59	54	49	44	39
〔No. 39〕	13 － 9	16 ÷ 4	1 ＋ 1	イ		32	36	42	48	52
〔No. 40〕	14 ÷ 7	3 × 3	14 － 9	ウ		27	22	15	12	11

─── 解　答 ───

No. 31	4	No. 32	3	No. 33	1	No. 34	5	No. 35	5
No. 36	2	No. 37	3	No. 38	2	No. 39	1	No. 40	4

	A	B	C	D	E
k	9	6	9	6	6
l	6	6	6	9	9
m	6	9	6	6	9
n	9	9	9	6	6
o	6	6	9	9	6

（手引）

		1	2	3	4	5
〔No. 41〕	m k－D A E	666 / 669	669 / 696	696 / 669	699 / 966	966 / 699
〔No. 42〕	l n－C E B	966 / 969	696 / 699	966 / 696	699 / 966	696 / 969
〔No. 43〕	n o－B C A	999 / 699	996 / 696	999 / 696	699 / 966	966 / 999
〔No. 44〕	o m－A D C	699 / 666	999 / 696	969 / 666	996 / 966	666 / 969
〔No. 45〕	k l－E B D	966 / 696	666 / 996	969 / 669	696 / 699	666 / 969
〔No. 46〕	n m－B E A	996 / 996	969 / 966	669 / 699	969 / 996	966 / 696
〔No. 47〕	l o－D C E	969 / 696	669 / 969	969 / 996	996 / 969	699 / 996
〔No. 48〕	k n－C A D	966 / 969	996 / 996	969 / 699	996 / 969	966 / 996
〔No. 49〕	m l－A E C	696 / 699	966 / 699	969 / 996	696 / 696	699 / 969
〔No. 50〕	o k－E B A	666 / 669	696 / 699	966 / 696	669 / 666	666 / 696

― 解　答 ―

No. 41　2	No. 42　5	No. 43　3	No. 44　1	No. 45　5
No. 46　4	No. 47　3	No. 48　2	No. 49　4	No. 50　1

| | 1 | 2 | 3 | 4 | 5 |

〔No. 51〕

〔No. 52〕

〔No. 53〕

〔No. 54〕

〔No. 55〕

〔No. 56〕

〔No. 57〕

〔No. 58〕

〔No. 59〕

〔No. 60〕

── 解 答 ──

| No. 51 | 3 | No. 52 | 5 | No. 53 | 3 | No. 54 | 1 | No. 55 | 4 |
| No. 56 | 4 | No. 57 | 3 | No. 58 | 2 | No. 59 | 1 | No. 60 | 5 |

（手引）		
ア	4 C － 3 A ＋ 6 B
イ	A × 4 B － 5 C
ウ	2 C － A ÷ 3 B
エ	7 A ÷ B － 4 C
オ	B ＋ 6 C ÷ 2 A

	A	B	C	手引	1	2	3	4	5
〔No. 61〕	18 ÷ 3	10 － 7	4 ＋ 5	イ	41	37	32	27	25
〔No. 62〕	10 ＋ 14	6 ÷ 3	2 × 9	ウ	45	32	16	5	2
〔No. 63〕	17 － 8	1 × 1	21 － 7	ア	21	25	27	33	35
〔No. 64〕	3 × 3	2 ＋ 1	8 ÷ 4	エ	13	11	9	7	5
〔No. 65〕	24 ÷ 6	23 － 8	9 ＋ 3	オ	21	24	27	33	51
〔No. 66〕	7 ＋ 17	8 ÷ 8	3 × 7	ウ	34	28	18	12	6
〔No. 67〕	16 ÷ 2	2 × 2	15 － 13	エ	4	6	8	10	12
〔No. 68〕	12 － 10	8 ＋ 11	4 × 2	オ	28	31	33	37	43
〔No. 69〕	1 × 3	12 ÷ 6	7 ＋ 4	イ	41	35	27	19	17
〔No. 70〕	7 ＋ 2	15 ÷ 5	18 － 3	ア	43	47	51	57	61

― 解　答 ―

No. 61	4	No. 62	2	No. 63	5	No. 64	1	No. 65	2
No. 66	1	No. 67	2	No. 68	2	No. 69	5	No. 70	3

	A	B	C	D	E
p	1	1	0	1	0
q	0	1	1	1	0
r	1	0	0	0	1
s	0	1	1	0	1
t	0	0	1	1	0

（手引）

	1	2	3	4	5
〔No. 71〕 s q－E A D	100 001	101 011	010 001	100 101	001 100
〔No. 72〕 p t－C B E	010 101	110 100	001 010	011 010	010 100
〔No. 73〕 r p－A E C	110 110	010 110	010 101	110 100	101 001
〔No. 74〕 q r－B D A	110 001	100 011	110 010	111 001	101 010
〔No. 75〕 t s－D C B	101 011	010 101	110 011	101 110	110 110
〔No. 76〕 p q－A B D	111 101	011 111	110 011	101 110	111 011
〔No. 77〕 r t－D E B	001 101	010 100	010 001	001 100	100 010
〔No. 78〕 s p－C A E	101 110	110 010	011 100	101 010	101 011
〔No. 79〕 t q－B C A	011 101	010 011	110 010	101 110	010 110
〔No. 80〕 s r－E D C	100 011	101 100	101 010	010 100	100 101

─── 解 答 ───

No. 71	1	No. 72	5	No. 73	4	No. 74	1	No. 75	3
No. 76	5	No. 77	2	No. 78	4	No. 79	5	No. 80	2

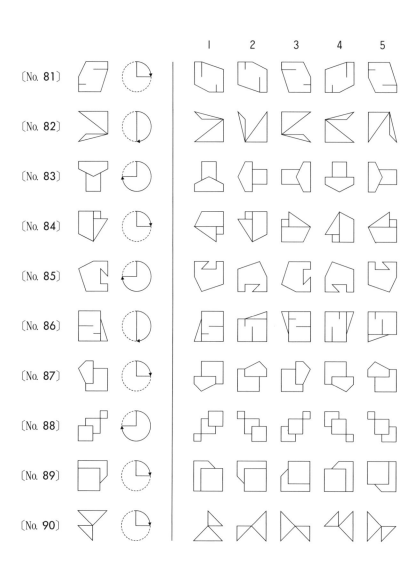

〔No. 81〕

〔No. 82〕

〔No. 83〕

〔No. 84〕

〔No. 85〕

〔No. 86〕

〔No. 87〕

〔No. 88〕

〔No. 89〕

〔No. 90〕

1 2 3 4 5

解　答				
No. 81　2	No. 82　4	No. 83　5	No. 84　1	No. 85　1
No. 86　3	No. 87　2	No. 88　2	No. 89　5	No. 90　4

（手引）		
ア	2 C × 3 A − 3 B	
イ	5 A ÷ 3 B × C	
ウ	5 B ＋ 2 A − 4 C	
エ	A ＋ 6 C ÷ B	
オ	7 C − 2 B × A	

	A	B	C	手引	1	2	3	4	5
〔No. 91〕	5 ＋ 6	12 − 7	14 ÷ 2	ウ	19	23	29	37	43
〔No. 92〕	2 × 3	40 ÷ 5	1 ＋ 1	ア	24	28	30	36	48
〔No. 93〕	15 ÷ 5	1 ＋ 4	13 − 6	オ	32	29	26	19	12
〔No. 94〕	4 ＋ 8	9 − 4	2 × 4	イ	16	24	32	40	48
〔No. 95〕	33 − 16	18 ÷ 6	3 ＋ 3	エ	23	29	32	35	39
〔No. 96〕	1 ＋ 2	5 × 1	20 ÷ 5	ア	78	73	67	63	57
〔No. 97〕	30 ÷ 2	10 − 9	1 × 2	イ	20	30	40	50	60
〔No. 98〕	3 × 3	3 ＋ 5	18 − 7	ウ	19	17	14	12	9
〔No. 99〕	9 ＋12	4 × 3	2 ＋ 6	エ	40	35	30	25	20
〔No. 100〕	13 − 7	16 ÷ 4	5 × 2	オ	22	28	32	38	42

─ 解　答 ─

No. 91	1	No. 92	5	No. 93	4	No. 94	3	No. 95	2
No. 96	5	No. 97	4	No. 98	3	No. 99	4	No. 100	1

	A	B	C	D	E
v	8	3	3	8	3
w	3	3	8	8	3
x	3	8	8	3	8
y	8	3	8	8	3
z	3	8	3	8	3

	1	2	3	4	5
〔No. 101〕 w z − B A D	383 / 883	338 / 838	833 / 388	838 / 338	338 / 883
〔No. 102〕 x v − C E A	833 / 383	838 / 333	883 / 338	833 / 838	388 / 338
〔No. 103〕 y w − E D C	388 / 388	833 / 383	388 / 833	338 / 388	388 / 838
〔No. 104〕 z x − A B E	383 / 388	833 / 383	338 / 838	383 / 833	883 / 338
〔No. 105〕 v y − D C B	833 / 383	338 / 838	838 / 388	383 / 338	833 / 883
〔No. 106〕 x w − C A D	838 / 833	833 / 388	338 / 383	833 / 838	383 / 883
〔No. 107〕 y z − B E A	388 / 333	338 / 833	838 / 383	338 / 383	383 / 833
〔No. 108〕 w v − E B D	383 / 333	833 / 383	333 / 838	338 / 338	388 / 338
〔No. 109〕 z y − D E C	833 / 838	838 / 883	383 / 833	833 / 388	338 / 838
〔No. 110〕 v z − A D B	838 / 388	338 / 838	883 / 883	388 / 383	883 / 388

─ 解　答 ─

No. 101　2	No. 102　3	No. 103　1	No. 104　1	No. 105　5
No. 106　4	No. 107　2	No. 108　4	No. 109　1	No. 110　5

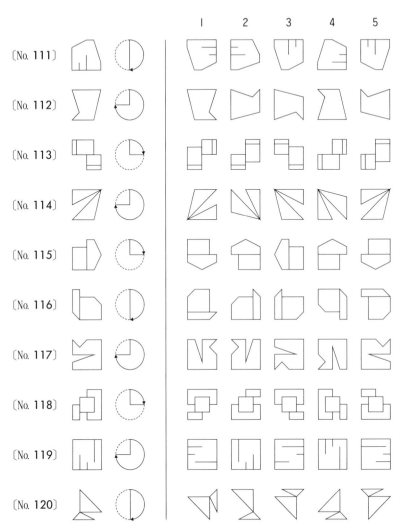

6 置換＋計算＋計算・照合・図形把握

―― 練 習 問 題 ――

〔**検査Ⅰ**〕　次の与えられた2つの文字を手引に従ってそれぞれ数字に置き換え、その数字を辺で囲っている周りの数字の合計を求め、その数値を指示された加減乗除の式にあてはめて計算し、その結果の一の位の数を答えよ。ただし、答えは1～5以外にはならない。

　たとえば、〔例題1〕では、手引でUは2に置き換えられ、その数字を辺で囲っているのは（5，3，3，4）なので、合計は15。Jは2に置き換えられ、その数字を辺で囲っているのは（4，4）なので合計は8。Gは4に置き換えられ、その数字を辺で囲っているのは（1，2，3）なので合計は6。これらの数値を式にあてはめて計算すると15－8＋6となり、結果は13。一の位の数は3なので、正答は3となる。

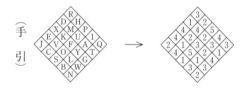

（手引）

	正　答
〔例題1〕　U－J＋G	3
〔例題2〕　S＋K－R	1

〔**検査Ⅱ**〕　次の正本の文章を削除したり、付け加えたり、違う言葉に直したものを、副本と照らし合わせ、間違いのある欄の番号を答えよ。ただし、削除する部分はその部分の下に二重線＿＿を引き、付け加える部分は付け加える言葉を（　　）でくくって矢印で入れる箇所を示す。違う言葉に直す部分は、下線＿＿の下に（　　）でその言葉が書いてある。なお、副本中の誤りが2つの区域にまたがることはない。

　たとえば、〔例題3〕では、「いつも」を削除し、「激しい」を付け加え、「続」を「避」に変える作業を行ない、正本と副本を照合すると、「ことが」の部分が「ことで」になっており、この誤りは4の欄にあるので、正答は4である。

正　本

〔例題3〕　いつも長時間運動を<u>続ける</u>ことが身体に負担
↑　　　↑
(激しい)　(避)

〔例題4〕　<u>地域や</u>クラブに所属して<u>プール</u>や海で監視活
↑　　　　　　　↑
(学校の)　　(等)

副　本

1	2	3	4	5
長時間激しい運動を	避ける	ことで身体に負担		
地域や学校のクラブ等に所属して	海で監視活			

実際は正本と副本は横に並んでいる

正答　〔例題3〕　4　　〔例題4〕　1

〔**検査Ⅲ**〕　手引中に与えられた文字を線で結んだときにできる三角形を裏返さずに向きだけを変えたものを，右の1～5から選んで答えよ。

たとえば，〔例題5〕では，手引中のF，A，Dを結んでできる三角形は

となり，これと同じ図形で向きだけ変えたものは4の図形なので，

正答は4である。

1　　　2　　　3　　　4　　　5　　　正答

〔例題5〕　F－A－D　　　　　　　　　　4

〔例題6〕　C－E－B　　　　　　　　　　3

（手引）

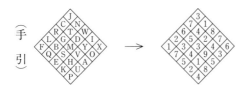

〔No. 1〕	M − O + K		〔No. 6〕	I + C + V
〔No. 2〕	G + T − P		〔No. 7〕	W − Q + Y
〔No. 3〕	S − L + W		〔No. 8〕	A + M − N
〔No. 4〕	D + H − U		〔No. 9〕	R − F + P
〔No. 5〕	B − J + E		〔No. 10〕	X + H − M

正 本

〔No. 11〕
社会経験と特殊技術や知性のある大人こそ自
　　　　　（識）（蓄積の）

〔No. 12〕
日本文化の紹介や映画の上映活動などを通し
　　　　　　　　　　（広島・長崎の原爆）

〔No. 13〕
喫煙席を除いたのを記念して1万円分の食事
（禁）　（設け）　　　　　　（五千）

〔No. 14〕
ピンクとブルーの水玉模様をプリントしたの
　　　　（水色）　　　（チェック柄）

〔No. 15〕
子供と公園で遊ばせるだけの専業主婦だった
（毎日一緒に）　　　（ぶ）

〔No. 16〕
編集部へ掲載希望日の1か月前までにお寄せ
　　（各係）　　　　（3週間）

〔No. 17〕
預けている子供との時間を少しでも大切にし
（保育園に）（息子）

〔No. 18〕
米国の星条旗の変遷をたどった切手を30人に
　　　　　　　　　　　　（シート）

〔No. 19〕
写真に作品タイトルと氏名を水性のマジック
　（の裏）　　　　　　　（油）

〔No. 20〕
森林火災の原因は落雷やキャンプ場での不始
　　　　（激しい）　　　　　（火の）

副 本

	1	2	3	4	5
	社会経験と技術や知識の蓄積のある人こそ自				
	日本文化招介や広島・長崎の原爆映画を通し				
	禁煙席も設けたのを記念して五千円分の食事				
	ピンクと水玉のチェック柄をプリントしたの				
	子供と毎日一緒に公園で遊ぶ専業主婦でした				
	編集部各係へ掲載月の3週間前までにお寄せ				
	保育園に預けている息子との時間を大事にし				
	星条期の変遷をたどった切手シートを30人に				
	写真の表にタイトルと氏名を油性のマジック				
	原因は激しい雷落やキャンプ場での火の不始				

〔No. 21〕 C − F − A

〔No. 22〕 D − B − E

〔No. 23〕 E − A − D

〔No. 24〕 F − D − C

〔No. 25〕 B − A − D

〔No. 26〕 E − C − A

〔No. 27〕 A − B − F

〔No. 28〕 E − D − C

〔No. 29〕 B − F − D

〔No. 30〕 E − C − B

解 答

| No. 21 | 1 | No. 22 | 3 | No. 23 | 4 | No. 24 | 2 | No. 25 | 2 |
| No. 26 | 5 | No. 27 | 1 | No. 28 | 3 | No. 29 | 3 | No. 30 | 5 |

〔手引〕

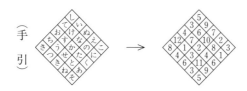

〔No. 31〕　な＋ね－ち　　　　　〔No. 36〕　た－ぬ＋い
〔No. 32〕　あ－つ＋か　　　　　〔No. 37〕　そ＋せ＋し
〔No. 33〕　の＋と－ぬ　　　　　〔No. 38〕　お＋け－さ
〔No. 34〕　う－こ－き　　　　　〔No. 39〕　ち－そ＋せ
〔No. 35〕　く＋え－け　　　　　〔No. 40〕　ぬ＋う－く

<table>
<tr><td colspan="6" align="center">正　本</td></tr>
</table>

〔No. 41〕
荷物を宅配ロッカーに入れておけば<u>全国へで</u>
（洗濯）　　　　　　　　　　　　　（回収）

〔No. 42〕
子供は自分<u>たち</u>のことを<u>積極的</u>に決める機会
　（た↑ち）　　　　　　　　　（自主）

〔No. 43〕
首都圏でも人気の沿線に<u>あって</u>暮らしやすい
　　　　　　　　　　（高い）　（上で）

〔No. 44〕
世界中の児童<u>全員</u>が初等教育を受けられるよ
（各国）　　　　　　　（完全に）

〔No. 45〕
宣言は直面する<u>極めて</u>大きな問題を取り上げ
　（人類が）

〔No. 46〕
ゆったりとくつろげるリビングやダイニング
　（家族が集まる）　　　　　　　（機能的な）

〔No. 47〕
60歳以上で<u>通算</u>6カ月以上の入院患者だけで
（65）　　　　　　　　　　（長期）

〔No. 48〕
環境省が<u>独自</u>に政策を積み上げるという構造
（各省庁）（個別）

〔No. 49〕
ヒトの誕生に<u>深く</u>かかわる<u>医療技術</u>をどこま
　　　　　　　　　　　　（生殖）

〔No. 50〕
<u>今回</u> <u>構造</u>改革として<u>積極的</u>に導入された審査
（組織）（の目玉）（新しく）

副　本

1	2	3	4	5
洗濯物を宅配ロッカーに入れておけば回収で				
子供たちは自分のことを自主的に決める機会				
首都圏でも人気の高い沿線上で募らしやすい				
各国の児員が完全に初等教育を受けられるよ				
宣言に人類が直面する大きな問題を取り上げ				
家族が集まるリビングや機能的なダニイング				
65歳以下で6カ月以上の長期入院患者だけで				
各官庁が個別に政策を積み上げるという構造				
ヒトの誕生にかかわる生殖医病技術をどこま				
組織改革の目玉として新しく導入された番査				

```
━━ 解　答 ━━━━━━━━━━━━━━━━━━━━━━━━━━━━
   No. 31    2      No. 32   1      No. 33   5      No. 34   3      No. 35   3
   No. 36    4      No. 37   4      No. 38   5      No. 39   1      No. 40   3
   No. 41    2      No. 42   3      No. 43   4      No. 44   2      No. 45   1
   No. 46    5      No. 47   1      No. 48   1      No. 49   4      No. 50   5
```

（手引）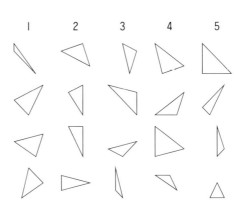

	1	2	3	4	5

〔No. 51〕　D－A－C

〔No. 52〕　E－B－F

〔No. 53〕　A－C－B

〔No. 54〕　F－C－E

〔No. 55〕　D－F－A

〔No. 56〕　B－D－C

〔No. 57〕　E－A－F

〔No. 58〕　F－C－D

〔No. 59〕　B－E－A

〔No. 60〕　D－F－E

― 解　答 ―

No. 51	4	No. 52	2	No. 53	3	No. 54	4	No. 55	1
No. 56	2	No. 57	5	No. 58	1	No. 59	3	No. 60	4

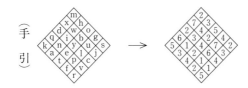

（手引）

〔No. 61〕 l － k ＋ g
〔No. 62〕 w ＋ f － a
〔No. 63〕 u － x ＋ n
〔No. 64〕 b ＋ m － t
〔No. 65〕 v － o ＋ j

〔No. 66〕 d － y ＋ c
〔No. 67〕 p ＋ h ＋ r
〔No. 68〕 m ＋ l － n
〔No. 69〕 g － v ＋ k
〔No. 70〕 p ＋ q － s

正本				

〔No. 71〕
この特別賞を授与した芸術科学アカデミーが
　　　　　　　　　　　（映画）

〔No. 72〕
長距離とクリーン密度に優れる内燃機関車が
（走行）　（パワー）

〔No. 73〕
戦争にまつわる人々の愛憎を激しく描いた舞
　　　　　　　　　　（壮麗に）

〔No. 74〕
酵素を含む科学構造の含酸素燃料を使う研究
（酸）　　　（化）

〔No. 75〕
20世紀の出来事を集めた折りたたみ式のクロ
　　　　　　　（ちりば）　　（畳）

〔No. 76〕
全部解くのに14時間はかかることがわかった
（単純計算で約）　　（を費やす）

〔No. 77〕
有害物質の窒素を減少する態勢づくりも動き
　（成分）（硫黄）（削減）

〔No. 78〕
陸上では日本最長となる上越新幹線のトンネ
　　　　　（世界）　　　（東北）

〔No. 79〕
パズル雑誌の投稿者4人が制作に当たったが
　　　　　　　　（常連）

〔No. 80〕
消費者が目の痛みや頭痛の原因となる物質を
　　　　（等）　　　　　　（有機リン系）

副本				
1	2	3	4	5
特別賞を授与した映芸画術科学アカデミーが				
走行距離とパワー密度に優れた内燃機関車が				
戦争にまつわる人々を激しく荘麗に描いた舞				
酸素を含む化学構造の含酵素燃料を使う研究				
20世紀の出来事をちりばめた折り畳みのクロ				
単純計算で約14時間は費やすことがわかった				
有毒成分の硫黄を削減する態勢づくりも動き				
陸上では世界最大となる東北新幹線のトンネ				
パネル雑誌の常連投稿者が制作に当たったが				
目の痛みや頭痛等の原因となる有機リン係を				

解　答

No. 61	1	No. 62	5	No. 63	1	No. 64	3	No. 65	4
No. 66	1	No. 67	5	No. 68	2	No. 69	3	No. 70	2
No. 71	3	No. 72	4	No. 73	4	No. 74	3	No. 75	5
No. 76	3	No. 77	1	No. 78	2	No. 79	1	No. 80	5

（手引）

	1	2	3	4	5
〔No. 81〕 D－B－F					
〔No. 82〕 C－A－E					
〔No. 83〕 F－E－B					
〔No. 84〕 A－B－F					
〔No. 85〕 B－C－E					
〔No. 86〕 D－E－A					
〔No. 87〕 A－F－C					
〔No. 88〕 E－B－D					
〔No. 89〕 E－A－F					
〔No. 90〕 C－F－D					

― 解　答 ―

No. 81	5	No. 82	2	No. 83	4	No. 84	5	No. 85	1
No. 86	3	No. 87	1	No. 88	2	No. 89	4	No. 90	4

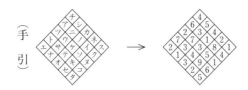

（手引）

〔No. 91〕　ニーオ＋ク　　　　　〔No. 96〕　ノ＋サーヌ
〔No. 92〕　ケ＋カーチ　　　　　〔No. 97〕　キーエ＋コ
〔No. 93〕　ウータ＋テ　　　　　〔No. 98〕　ソ＋セ＋ト
〔No. 94〕　コ＋ツーシ　　　　　〔No. 99〕　ア＋サーコ
〔No. 95〕　ソーイ＋ス　　　　　〔No. 100〕　ク＋テーケ

正　本

〔No. 101〕
現実的な生活感がうすれていくということが
（リアル）　　　　（欠落し）

〔No. 102〕
従来の家具や食器にあわせやすい雰囲気が受
（日本）　　　　　　　　　　　（独特な）

〔No. 103〕
自動車などの耐久品を中心にかなり消費が伸
（パソコン）　　　　　（消費財）

〔No. 104〕
欲しい情報がすぐに手に入る便利さを与えて
　　　　（もの）（簡単）　　　　（豊か）

〔No. 105〕
4月に始まった介護サービスもＧＯＴベース
　　（からの）　　（保険）　　　　（ＤＰ）

〔No. 106〕
同社は揮発性の高い高分子樹脂を開発したの
　（伸縮）　　　　　　　　（独自に）

〔No. 107〕
景気は穏やかに回復基調に向いつつあること
　　（緩）　　　　（軌道）（乗り）

〔No. 108〕
今季四大大会の男子ダブルスで日本人が優勝
　　　　　　　（女）　　　　　（選手）

〔No. 109〕
繊維を細かく編むことによって表面にできる
　　　　　　　　　　　　　　（生地の）

〔No. 110〕
民間設備投資は0.8%減少とマイナスに転じた
　　（住宅）　　　　（二期ぶりに）

副　本

	1	2	3	4	5
	リアルな生活感が	欠落して	いくという	とこが
	日本の家具に	あわせやすい	独特な雰囲気が受	
	パソコンなどの耐久消費品を中心に	消費が伸		
	欲しいものを簡単に手に入る	豊かさを与えて		
	4月からの	介護保険サービスもＧＤＴベース		
	伸縮性が高い高分子樹脂を	独自に	開発したの	
	景気は緩やかに回復軌道に	乗りつつあること		
	四大大会の女子ダブルスで日本の選手が優勝			
	繊稚を編むことによって生地の表面にできる			
	民間住宅投資は二期ぶりに	マナイスに転じた		

解　答

No. 91	2	No. 92	4	No. 93	1	No. 94	4	No. 95	5
No. 96	2	No. 97	4	No. 98	5	No. 99	3	No. 100	1
No. 101	5	No. 102	4	No. 103	3	No. 104	2	No. 105	5
No. 106	1	No. 107	2	No. 108	4	No. 109	1	No. 110	4

	1	2	3	4	5
〔No. 111〕 E－F－D					
〔No. 112〕 C－B－A					
〔No. 113〕 D－E－C					
〔No. 114〕 B－D－F					
〔No. 115〕 D－A－E					
〔No. 116〕 E－D－B					
〔No. 117〕 D－F－A					
〔No. 118〕 B－C－F					
〔No. 119〕 E－A－B					
〔No. 120〕 A－F－C					

解　答

No. 111	1	No. 112	4	No. 113	3	No. 114	1	No. 115	4
No. 116	2	No. 117	2	No. 118	5	No. 119	1	No. 120	3

7 置換＋計算＋分類・分類＋置換＋照合・照合

─── 練 習 問 題 ───

〔**検査Ⅰ**〕　次のアラビア数字とアルファベットの組を手引1に従って数字に置き換えて計算し，その結果が手引2のどの欄に含まれるかを答えよ。

　たとえば，〔例題1〕では，アルファベットの組を手引1に従って置き換えると「15÷5＋7×3」となり，結果は24。これは手引2の3の欄に含まれるので，正答は3である。

<table>
<tr><td rowspan="5">（手引1）</td><td></td><td>a</td><td>b</td><td>c</td><td>d</td></tr>
<tr><td>Ⅰ</td><td>3</td><td>1</td><td>5</td><td>12</td></tr>
<tr><td>Ⅱ</td><td>14</td><td>7</td><td>9</td><td>4</td></tr>
<tr><td>Ⅲ</td><td>2</td><td>11</td><td>15</td><td>16</td></tr>
<tr><td>Ⅳ</td><td>13</td><td>10</td><td>8</td><td>6</td></tr>
</table>

（手引2）	1	2	3	4	5
	10	8	24	13	28
	26	17	9	25	11

正　答

〔例題1〕　Ⅲc÷Ⅰc＋Ⅱb×Ⅰa　　　　　3

〔例題2〕　Ⅱa－Ⅰd÷Ⅲa＋Ⅱc　　　　　2

〔**検査Ⅱ**〕　次の情報①〜④に示した文字や数字を分類表に従って，ア，イ，ウに直し，その結果に対応する組合せが手引1〜4のどれかを答えよ。ただし，対応する組合せがない場合は5とする。

　たとえば，〔例題3〕では，①の「m」は分類表により「ア」，②の「32」は「ウ」，③の「ら」は「ウ」，④の「1158」は「イ」となる。この「アウウイ」は手引の3にあるので，正答は3である。同様にして，〔例題4〕では，分類表により，「イアアウ」となるが，これは手引の1〜4に対応する組合せがないので，正答は5となる。

<table>
<tr><td rowspan="4">（分類表）</td><td>情報
分類</td><td>①</td><td>②</td><td>③</td><td>④</td></tr>
<tr><td>ア</td><td>i〜r</td><td>41〜76</td><td>は〜み</td><td>1187〜1243</td></tr>
<tr><td>イ</td><td>a〜h</td><td>77〜93</td><td>れ〜ん</td><td>1135〜1186</td></tr>
<tr><td>ウ</td><td>s〜z</td><td>12〜40</td><td>む〜る</td><td>1244〜1298</td></tr>
</table>

<table>
<tr><td rowspan="6">（手引）</td><td>情報
組合せ</td><td>①</td><td>②</td><td>③</td><td>④</td><td>①</td><td>②</td><td>③</td><td>④</td></tr>
<tr><td>1</td><td>ア</td><td>ウ</td><td>イ</td><td>イ</td><td>ア</td><td>イ</td><td>ア</td><td>ウ</td></tr>
<tr><td>2</td><td>ウ</td><td>イ</td><td>ア</td><td>ウ</td><td>イ</td><td>ア</td><td>ウ</td><td>ア</td></tr>
<tr><td>3</td><td>ウ</td><td>ウ</td><td>イ</td><td>ア</td><td>ア</td><td>ウ</td><td>ウ</td><td>イ</td></tr>
<tr><td>4</td><td>イ</td><td>ア</td><td>ウ</td><td>イ</td><td>イ</td><td>イ</td><td>ア</td><td>ウ</td></tr>
<tr><td>5</td><td colspan="8">対　応　し　な　い</td></tr>
</table>

（情報）

	①	②	③	④
〔例題 3〕	m	32	ら	1158
〔例題 4〕	d	69	ふ	1274

正　答

3
5

〔**検査**Ⅲ〕　次の正本と副本を照らし合わせ，副本のなかに正本と異なる誤りがいくつあるかを答えよ。ただし，誤りの数は必ず I ～ 4 となり，まったく誤りがなく，正本と副本がすべて正しい場合は 5 とする。

　たとえば，〔例題 5〕では，正本と副本を照らし合わせてみると，「療」→「隙」，「を」→「も」，「の」→「に」，「負」→「質」の 4 つが正本と異なり誤っているので，正答は 4 である。同様にして，〔例題 6〕では，まったく誤りがなく，正本と副本がすべて正しいので，正答は 5 である。

正　本
〔例題 5〕　医療や介護などのサービスを利用する際の自己負担強
〔例題 6〕　風力発電の導入が進む欧州では内陸部の発電機が増え

副　本
　　　　　医隙や介護などのサービスも利用する際に自己質担強
　　　　　風力発電の導入が進む欧州では内陸部の発電機が増え

実際は正本と副本は横に並んでいる

正答　〔例題 5〕　4　　　〔例題 6〕　5

（手引1）	a	b	c	d
I	6	9	2	16
II	15	4	13	10
III	1	7	11	3
IV	8	12	5	14

（手引2）	1	2	3	4	5
	23	20	39	22	38
	36	11	15	18	21
	17	32	26	35	12

〔No. 1〕　Ｉd－Ⅱa÷Ⅲd＋Ⅲb

〔No. 2〕　Ⅱc＋Ⅳb－Ⅱd÷Ⅳc

〔No. 3〕　Ⅲc＋Ｉc×Ⅳa－Ｉa

〔No. 4〕　Ⅲb×Ｉb÷Ⅲd＋Ⅳc

〔No. 5〕　Ⅳd－Ⅲa＋Ｉd÷Ⅱb

〔No. 6〕　Ⅱc×Ⅳc－Ⅲc×Ⅲd

〔No. 7〕　Ⅳb÷Ⅲd×Ⅲb＋Ⅱd

〔No. 8〕　Ｉc×Ｉd－Ⅳb÷Ⅲa

〔No. 9〕　Ｉd－Ⅳd÷Ｉc＋Ⅱc

〔No. 10〕　Ⅲc＋Ⅳa×Ｉa÷Ｉc

解　答

No. 1	4	No. 2	1	No. 3	5	No. 4	3	No. 5	1
No. 6	2	No. 7	5	No. 8	2	No. 9	4	No. 10	4

（分類表）

分類＼情報	①	②	③	④
ア	Q～Z	14～37	ち～の	3284～3340
イ	A～H	66～91	け～た	3216～3283
ウ	I～P	38～65	あ～く	3341～3397

（手引）

組合せ＼情報	①	②	③	④	①	②	③	④
1	ウ	イ	ア	ウ	イ	ウ	ウ	ウ
2	イ	ウ	ウ	ア	ウ	ア	ウ	イ
3	ア	ア	イ	イ	ア	ウ	イ	ア
4	イ	イ	ア	ア	ア	ウ	ア	イ
5	対 応 し な い							

（情報）

	①	②	③	④
〔No. 11〕	R	54	す	3295
〔No. 12〕	J	71	つ	3361
〔No. 13〕	V	23	に	3274
〔No. 14〕	L	42	え	3388
〔No. 15〕	F	84	ぬ	3312
〔No. 16〕	N	19	か	3256
〔No. 17〕	T	35	せ	3249
〔No. 18〕	C	62	う	3350
〔No. 19〕	W	49	な	3237
〔No. 20〕	O	28	こ	3303

─ 解　答 ─

No. 11	3	No. 12	1	No. 13	5	No. 14	5	No. 15	4
No. 16	2	No. 17	3	No. 18	1	No. 19	4	No. 20	5

正　本

副　本

環境に配慮した森林管理と第三者機関が評価する森林
次世代のハイブルッド車のエンジン研究を柱の一つに
あらゆるものをのみ込んだ光さえも出てこられないと
規地の学校で日本話も教える北米大学教育交流委員会
発がん性のある粒子状物質を含む排ガスを出すために
同杜製品に自然環境保護は厳しくといわれるドイツ環
互いに弱点を捕うガソリン車の2倍の熟功率が達成さ
商業代採対像となる森林の約8割にあたる面積である
33分間高品質音楽データの収録が可能で連読再生は約
触媒などで後処理して排出も減らす技術の実用化のめ

┌─ 解　答 ──────────────────────────────┐
| No. 21 | 2 | No. 22 | 2 | No. 23 | 1 | No. 24 | 3 | No. 25 | 5 |
| No. 26 | 4 | No. 27 | 4 | No. 28 | 3 | No. 29 | 2 | No. 30 | 1 |
└──────────────────────────────────────┘

（手引1）	e	f	g	h
I	10	5	12	7
II	3	8	1	16
III	14	13	4	6
IV	9	2	15	11

（手引2）	2	3	4	5
28	9	26	7	12
34	36	10	19	23
16	18	32	27	30

〔No. 31〕　Ｉe×Ⅲh÷Ⅱe＋Ｉh

〔No. 32〕　Ⅲh×Ⅱf－Ⅳe×Ⅲg

〔No. 33〕　Ⅳg＋Ⅱh÷Ⅳf－Ｉh

〔No. 34〕　Ⅱe×Ⅲf－Ⅲe÷Ⅳf

〔No. 35〕　Ⅱg＋Ｉe÷Ｉf×Ⅳe

〔No. 36〕　Ⅲg×Ⅱe×Ⅲh÷Ⅱf

〔No. 37〕　Ⅳg－Ｉg÷Ⅳf＋Ⅲe

〔No. 38〕　Ⅱe×Ⅲe－Ⅱf×Ⅳf

〔No. 39〕　Ⅳe÷Ⅱe×Ｉh－Ⅳh

〔No. 40〕　Ⅱf＋Ⅱh÷Ⅱf×Ｉe

─ 解　答 ─

No. 31	4	No. 32	5	No. 33	1	No. 34	3	No. 35	4
No. 36	2	No. 37	5	No. 38	3	No. 39	3	No. 40	1

（分類表）

分類＼情報	①	②	③	④
ア	メ～リ	46～73	A～J	4155～4236
イ	ハ～ム	74～98	S～Z	4108～4154
ウ	ル～ン	12～45	K～R	4237～4291

（手引）

組合せ＼情報	①	②	③	④	①	②	③	④
1	ア	ウ	イ	イ	イ	ウ	ア	イ
2	ア	イ	イ	ウ	ア	イ	ウ	ア
3	イ	ウ	ウ	イ	イ	ウ	ア	ウ
4	ウ	イ	ア	イ	ウ	ア	イ	ア
5	対 応 し な い							

（情報）

	①	②	③	④
〔No. 41〕	ユ	83	T	4285
〔No. 42〕	ホ	28	D	4129
〔No. 43〕	ワ	59	W	4186
〔No. 44〕	ミ	17	P	4243
〔No. 45〕	ヒ	69	X	4207
〔No. 46〕	ヲ	92	E	4134
〔No. 47〕	レ	51	U	4190
〔No. 48〕	ヘ	34	B	4271
〔No. 49〕	ヤ	40	Y	4148
〔No. 50〕	ラ	23	H	4212

―― 解 答 ――

No. 41	2	No. 42	1	No. 43	4	No. 44	3	No. 45	5
No. 46	4	No. 47	4	No. 48	3	No. 49	1	No. 50	5

〔No. 51〕　ＩＣカード式は半導体を埋め込んだカードを使うこと

〔No. 52〕　生地が薄くなればなるほど抵抗が少なくなることは分

〔No. 53〕　カーテン類はあらかじめ無地を選んでおくと模様替え

〔No. 54〕　小売業の大規模小売店舗立地法施行前の駆け込み出店

〔No. 55〕　議論の結果を社会に公開し一般の意見を募るといった

〔No. 56〕　ワックスは物に付きやすいが下地の色素や高分子膜を

〔No. 57〕　雇用や所得をめぐる厳しい状況や企業のリストラの継

〔No. 58〕　アジア雑貨を暮らしの中に気軽に採り入れている愛好

〔No. 59〕　遺産分割をめぐる調停事件は最近10年間にいっきに増

〔No. 60〕　個人消費は二期連続プラスとなり回復の芽がうかがえ

副　本

ＩＵカード式は半導体を埋め込むだカードを使うこと
生地が薄くなればなるなど抵杭が少なくなることは分
カーテン類はあらかじめ無地を選んでおくと模様替え
小売業の大規横小売店舗立地法施行後の駆け込み出店
議論の結論を社会に公開し一航の意見も募るといった
ワックスは服に付きやすいが下地や色素の高分子模を
雇用や所得をめぐる厳しい状況や企業のリストラの継
アジア雑資を暮らしの中は気軽に取り入れている愛好
遺産分割をめぐる調停事件は最辺10年間にいっきに増
個人消費は二期連続プラスとなり回復の芽がうかがえ

	i	j	k	l
I	5	16	7	3
II	12	2	18	20
III	10	21	15	8
IV	4	9	6	1

1	2	3	4	5
30	17	27	15	29
25	9	16	32	36
6	28	35	26	10

〔No. 61〕　II l ÷ IV i × I k − II k
〔No. 62〕　I j × II j − III j ÷ I l
〔No. 63〕　I i + II i ÷ I l × IV k
〔No. 64〕　II k − III l ÷ II j × I l
〔No. 65〕　IV j × I k ÷ I l − I i
〔No. 66〕　III j − IV i × IV j ÷ I l
〔No. 67〕　I i × III i ÷ II j + IV l
〔No. 68〕　III k × I l − IV j × II j
〔No. 69〕　IV i + II i × IV k ÷ I l
〔No. 70〕　I k ÷ IV l × III l − II l

― 解　答 ―

No. 61　2	No. 62　1	No. 63　5	No. 64　1	No. 65　3
No. 66　2	No. 67　4	No. 68　3	No. 69　2	No. 70　5

（分類表） 情報／分類	①	②	③	④
ア	j～t	36～58	て～の	5416～5473
イ	u～z	11～35	あ～け	5529～5591
ウ	a～i	59～87	こ～つ	5474～5528

（手引） 情報／組合せ	①	②	③	④	①	②	③	④
1	ウ	イ	イ	ウ	ウ	ウ	ア	イ
2	ア	ウ	イ	イ	ウ	ア	ウ	ア
3	ア	イ	ア	ウ	ア	ア	ウ	イ
4	イ	ア	ウ	ウ	ウ	ア	イ	ウ
5	対 応 し な い							

（情報）

	①	②	③	④
〔No. 71〕	v	47	し	5507
〔No. 72〕	q	72	と	5432
〔No. 73〕	d	18	お	5481
〔No. 74〕	r	56	た	5562
〔No. 75〕	y	20	ぬ	5453
〔No. 76〕	l	61	え	5547
〔No. 77〕	g	39	そ	5429
〔No. 78〕	b	84	な	5578
〔No. 79〕	m	27	に	5496
〔No. 80〕	e	43	か	5514

― 解 答 ―

No. 71	4	No. 72	5	No. 73	1	No. 74	3	No. 75	5
No. 76	2	No. 77	2	No. 78	1	No. 79	3	No. 80	4

正　本

〔No. 81〕　粗大ごみと資源ごみを活用した打楽器造りを行なうこ
〔No. 82〕　地方公営企業法を適用して企業会計による経理を行な
〔No. 83〕　ボランティア活動への参加を希望するサラリーマンと
〔No. 84〕　学生の基礎学力の低下は無視できない状況だとの認識
〔No. 85〕　肌のかゆみを抑えるはたらきや抗炎症作用があるとい
〔No. 86〕　プラスチック製の洗面器は中に水を入れて粘着テープ
〔No. 87〕　国際的に見て高い水準にある日本の高齢者の就業意欲
〔No. 88〕　全受験生に五教科七科目の受験を義務づけるよう求め
〔No. 89〕　紫外線カットガラスを使用し保温性を高めるため二重
〔No. 90〕　事業の枠組みや経営者団体とＮＰＯの連携のあり方な

副　本

租大ごみと資源ごみを活用した打楽器造りを行なうこ
地方公宮企業法を敵用した企業会許による経理を行な
ボランティナ活動への参加を希望するサラリーマンと
学生の基礎学力の低下は無視できない状況だとの認識
肌のかゆみも押えるはたらきや抗炎病作用があるとい
プラスチック製の洗面器に中は水を入れた粘着テープ
国際的に見て高い水準にある日本の高齢者の就業意欲
全受験生に五教料七科目の受験を議務づけるよう求め
柴外線カットグラスを使用し保湿性を高めるため二重
事業の粋組みや経営者国体のＮＧＯの連携のあり方な

（手引1）		m	n	o	p
	I	7	13	15	4
	II	2	1	8	21
	III	9	18	5	6
	IV	14	3	24	10

（手引2）	1	2	3	4	5
	17	28	35	29	27
	23	37	22	34	19
	32	24	14	25	33

〔No. 91〕 Ⅲn×Ⅳn÷Ⅲp＋Ⅳm

〔No. 92〕 Ⅱp－Ⅲn÷Ⅱm＋Ⅰm

〔No. 93〕 Ⅰp×Ⅱo－Ⅳo÷Ⅲp

〔No. 94〕 Ⅱn＋Ⅲm×Ⅰp－Ⅳp

〔No. 95〕 Ⅲp×Ⅰo－Ⅰn×Ⅲo

〔No. 96〕 Ⅳo÷Ⅱm×Ⅰp－Ⅰo

〔No. 97〕 Ⅳm－Ⅳp÷Ⅱm＋Ⅰn

〔No. 98〕 Ⅰo÷Ⅳn＋Ⅰp×Ⅲp

〔No. 99〕 Ⅲn－Ⅲo×Ⅳn＋Ⅱp

〔No. 100〕 Ⅱo×Ⅰm－Ⅰp×Ⅲp

── 解　答 ──

No. 91	1	No. 92	5	No. 93	2	No. 94	5	No. 95	4
No. 96	5	No. 97	3	No. 98	4	No. 99	2	No. 100	1

（分類表）

分類＼情報	①	②	③	④
ア	ネ〜マ	13〜41	a〜g	8686〜8743
イ	カ〜ソ	69〜95	r〜z	8621〜8685
ウ	タ〜ヌ	42〜68	h〜q	8744〜8792

（手引）

組合せ＼情報	①	②	③	④	①	②	③	④
1	イ	ウ	イ	ア	ウ	イ	ア	ウ
2	ア	ウ	ア	イ	イ	ア	イ	ア
3	ア	ウ	ウ	イ	ア	イ	ウ	ア
4	イ	ア	ア	ウ	ウ	ア	ウ	イ
5	対応しない							

（情報）

	①	②	③	④
〔No. 101〕	ツ	32	j	8668
〔No. 102〕	ク	56	t	8753
〔No. 103〕	フ	47	e	8645
〔No. 104〕	ノ	81	n	8709
〔No. 105〕	サ	19	w	8692
〔No. 106〕	ニ	78	f	8761
〔No. 107〕	ホ	22	p	8674
〔No. 108〕	ケ	45	x	8726
〔No. 109〕	ナ	93	c	8637
〔No. 110〕	ハ	54	k	8679

─ 解 答 ─

No. 101	4	No. 102	5	No. 103	2	No. 104	3	No. 105	2
No. 106	1	No. 107	5	No. 108	1	No. 109	5	No. 110	3

正　本

〔No. 111〕　電機業界が半導体を中心にしたＩＴ関連でけん引役に
〔No. 112〕　労働時間の短縮が進むフランスで雇用の増加が続いて
〔No. 113〕　水力発電所のダムにたまった流木から抽出した木酢液
〔No. 114〕　国際福祉機器展に自動車メーカー各社が福祉車両や補
〔No. 115〕　ソフトを有効に活用するためのデータベース構築を手
〔No. 116〕　労働省がこのほど発表した今年度の地域別最低賃金の
〔No. 117〕　速乾性をうたう従来品は揮発速度の高い溶剤をいかに
〔No. 118〕　ＮＧＯには珍しい職務職能制と契約職員制を採用した
〔No. 119〕　助手席側の座席を90度回転させて車外に手で引き出す
〔No. 120〕　補正予算と来年度予算編成では超高速通信網の整備や

副　本

電機業界が半導体を中心としたＩＴ関連でけん引役に
労動時間の短宿が進むフランスは雇用の増大が続いて
水力発電所のダムにたまった流木から抽出した木酢液
国際副祉器械展に自動車メーカー名社が福祉車両や補
ソフトを有効に使用するためにデータベース構築を手
労働省がこのほど発表した今年度の地域別最低賃金の
連乾性をうたう徒来品は渾発速度の高い溶剤をいかに
ＮＧＯには珍しい職務職員制と契約職能制を採用した
助手席側の座席を90度回転させて車外は手で引き出す
補生予算と次来度予算編成では超高速通信綱の整備や

解　答

No. 111	l	No. 112	4	No. 113	5	No. 114	4	No. 115	2
No. 116	5	No. 117	3	No. 118	2	No. 119	l	No. 120	4

解答用紙

■解答用紙の使い方■

▶基本編（60題），応用編（120題）の解答用紙を切り取り線に従って切り取り，実際試験と同じように使用できます。

▶テスト成績点の計算は下記の通りです。

> 適性試験の得点＝正答数－誤答数

▶採点は自分で行ない，次ページの成績一覧表に成績を記入し，実力の伸びを検討してください。

成 績 一 覧 表

▼ 基本編

	解 答 数	誤 答 数	正 答 数	得 点
照合				
分類				
計算				
置換				
図形把握				
置換＋計算				
計算＋分類				

▼ 応用編

	解 答 数	誤 答 数	正 答 数	得 点
1				
2				
3				
4				
5				
6				
7				

適　性　試　験
（解答時間 8 分 ）

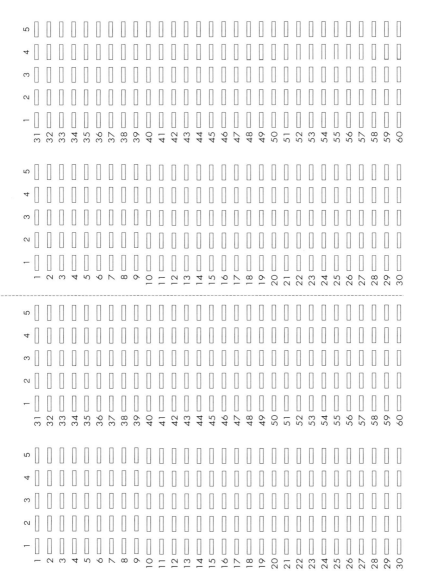

227

適 性 試 験
（解答時間 8 分）

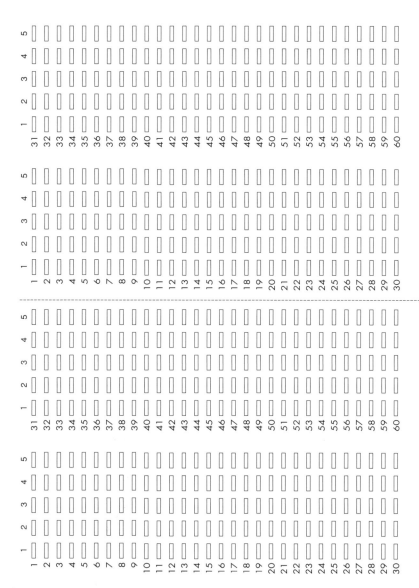

適 性 試 験

（解答時間 8 分 ）

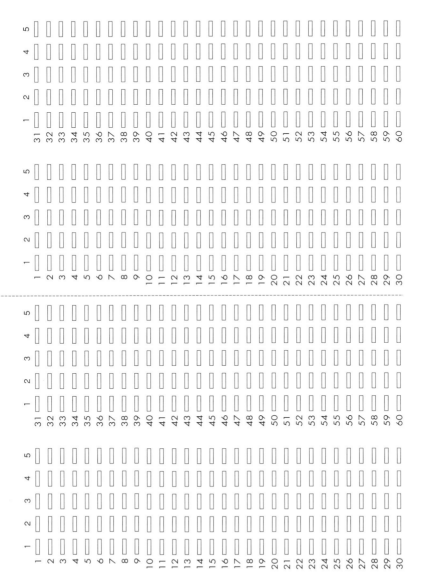

適　性　試　験

（解答時間 8 分）

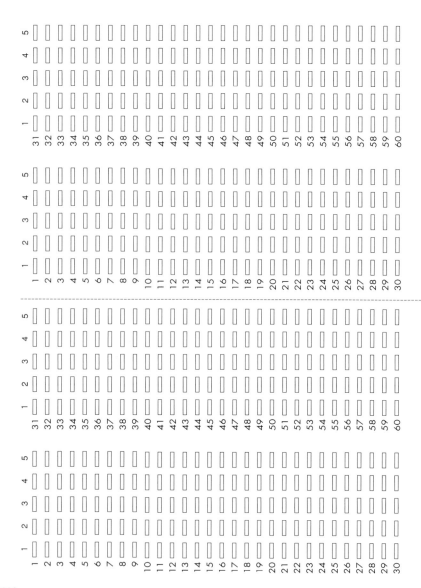

適　性　試　験

（解答時間 8 分）

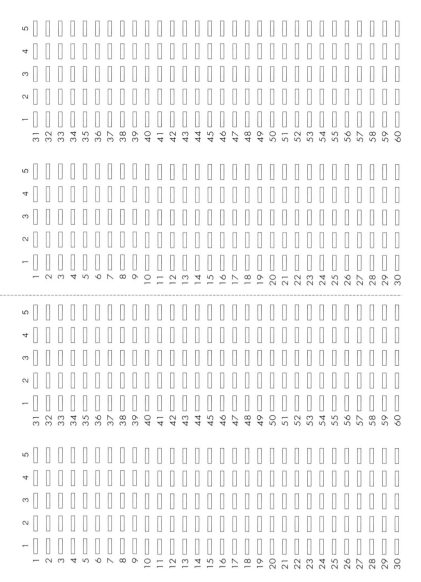

231

適　性　試　験

（解答時間 8 分）

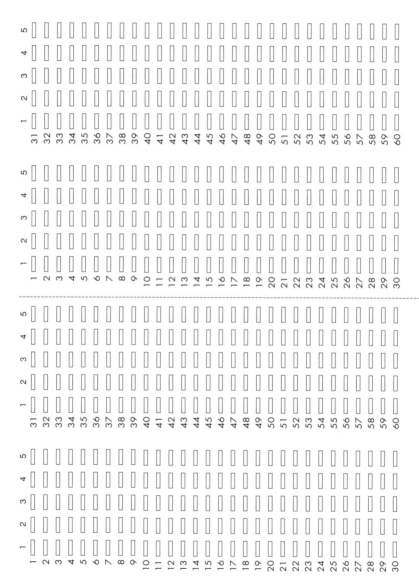

適　性　試　験

（解答時間 8 分）

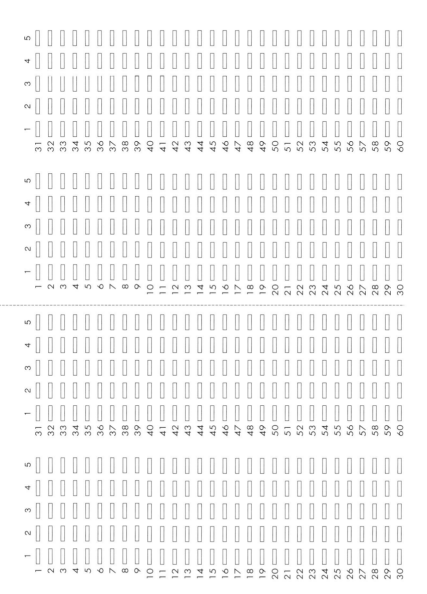

適 性 試 験

（解答時間 8 分）

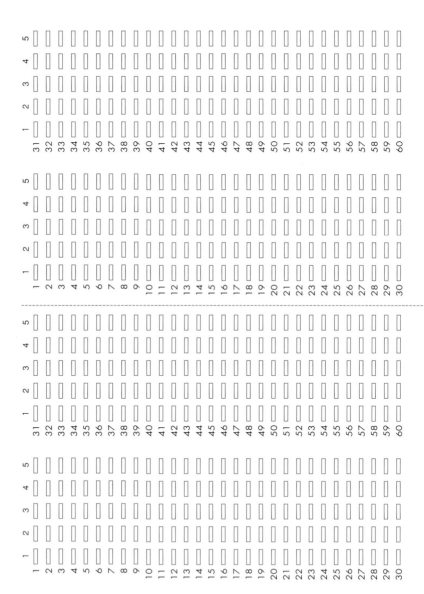

適　性　試　験
（解答時間 8 分）

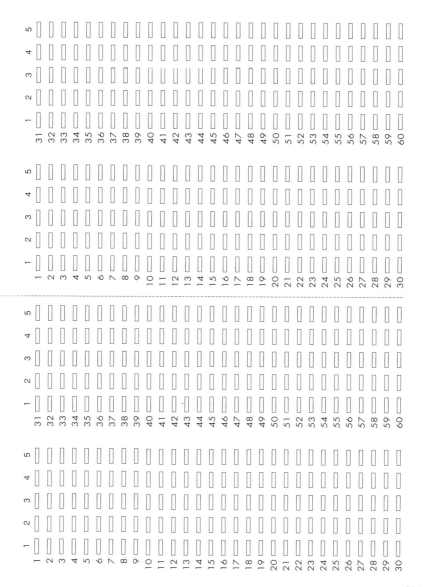

235

適　性　試　験

（解答時間 8 分）

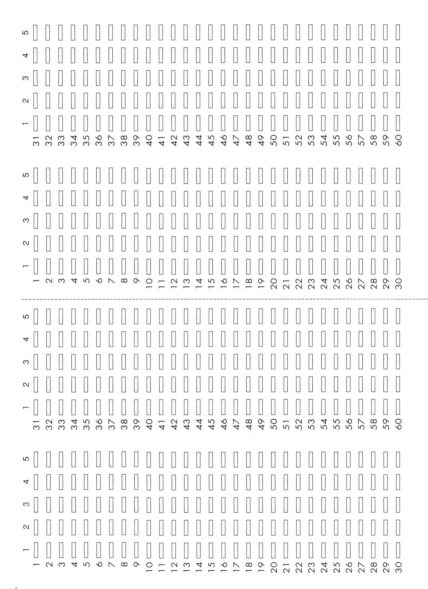

適 性 試 験

（解答時間 8 分）

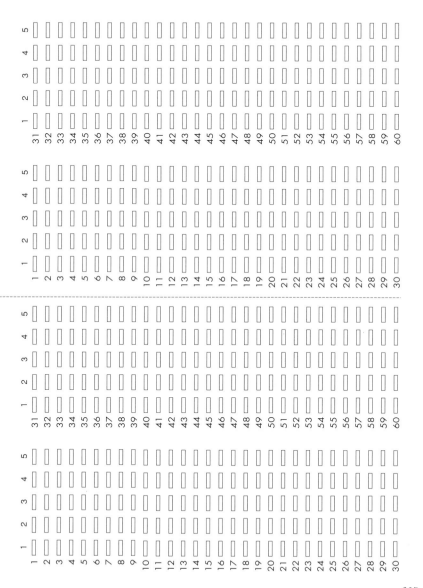

適 性 試 験
（ 解 答 時 間 8 分 ）

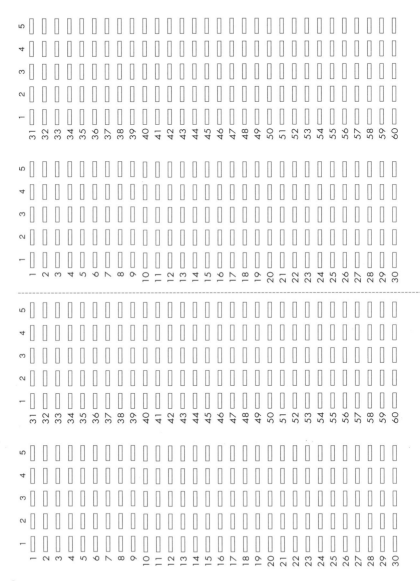

適　性　試　験

（解答時間 8 分）

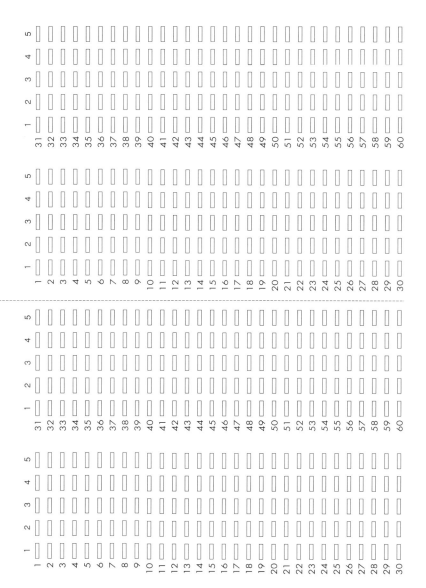

適　性　試　験
（解答時間 8 分）

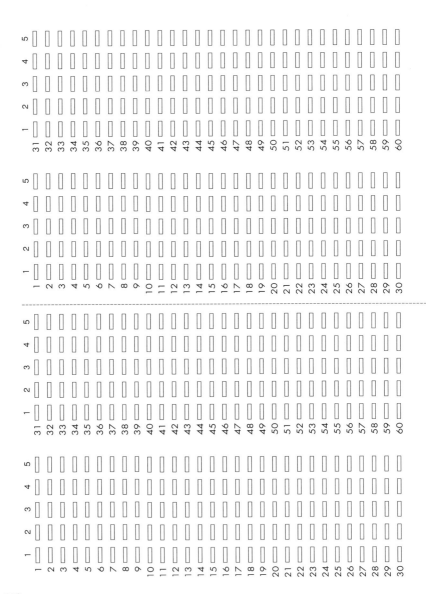

適　性　試　験

（解答時間15分）

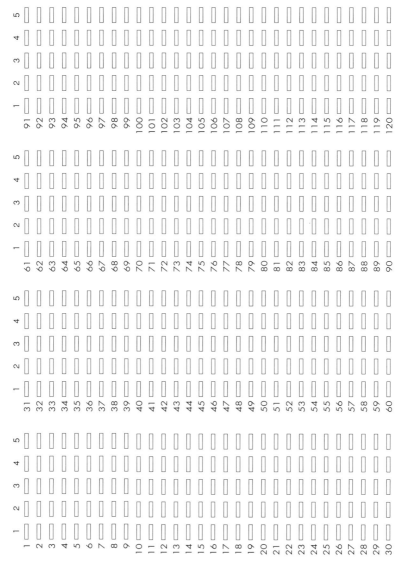

適 性 試 験
（解答時間15分）

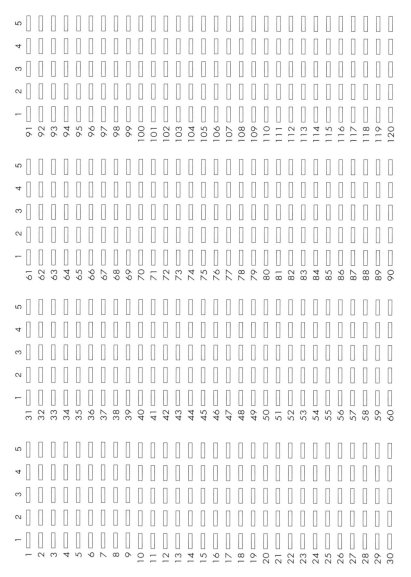

適　性　試　験

（解答時間15分）

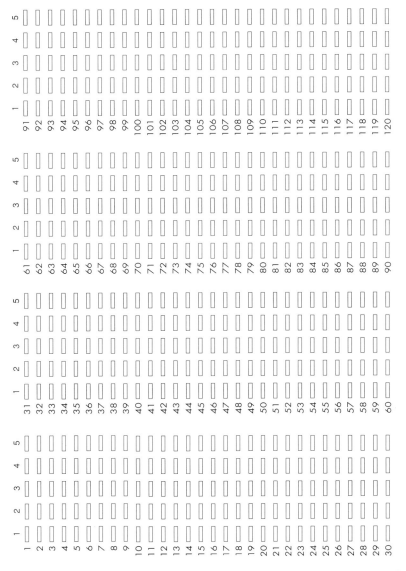

適 性 試 験

（解答時間15分）

適　性　試　験

（解答時間 15 分）

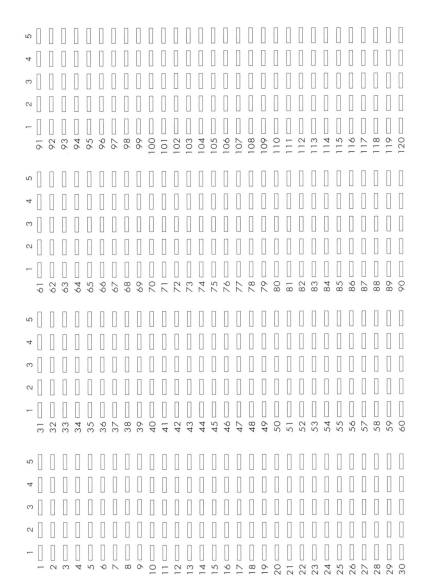

適 性 試 験

（解答時間15分）

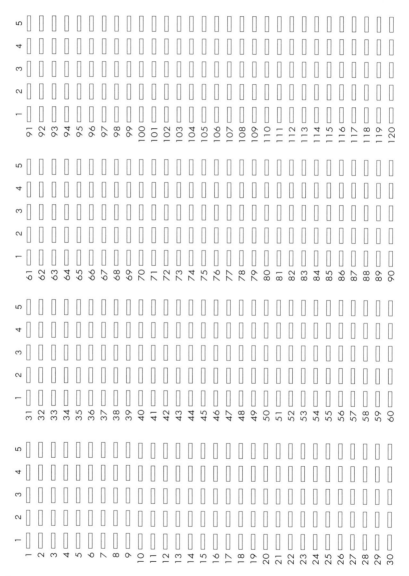

246

適 性 試 験

（ 解 答 時 間 15 分 ）

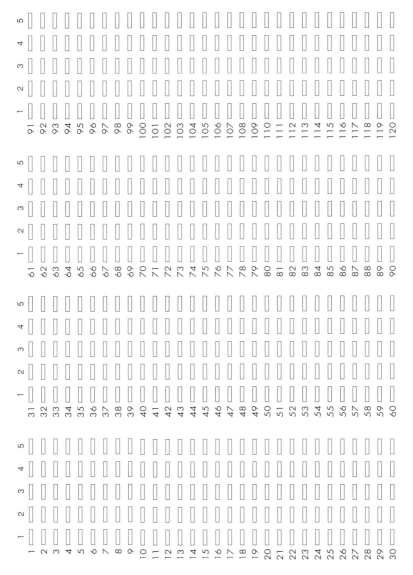

適 性 試 験

（解答時間15分）

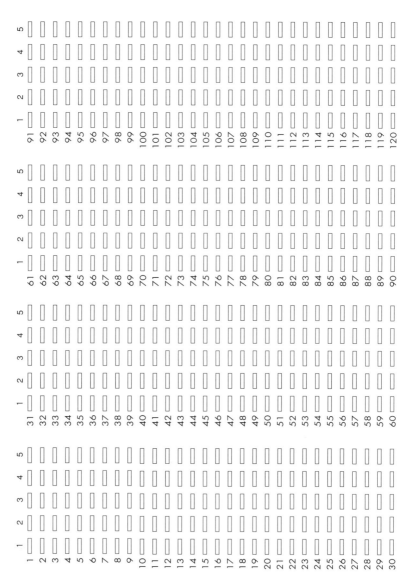

適　性　試　験

（解答時間15分）

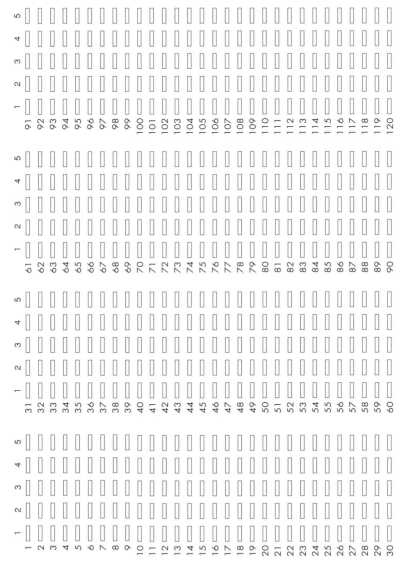

適　性　試　験

（ 解 答 時 間 15 分 ）

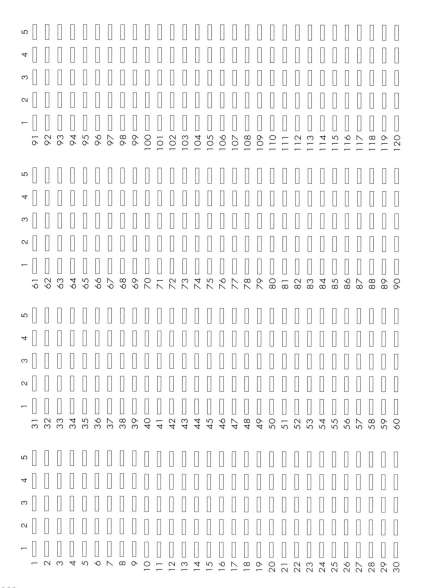

250

●本書の内容に関するお問合せについて

本書の内容に誤りと思われるところがありましたら，まずは小社ブックスサイト（jitsumu.hondana.jp）中の本書ページ内にある正誤表・訂正表をご確認ください。正誤表・訂正表がない場合や，正誤表・訂正表に該当箇所が掲載されていない場合は，書名，発行年月日，お客様のお名前・連絡先，該当箇所のページ番号と具体的な誤りの内容・理由等をご記入のうえ，郵便，FAX，メールにてお問合せください。

〒163-8671 東京都新宿区新宿1-1-12 実務教育出版 第二編集部問合せ窓口
FAX：03-5369-2237 E-mail：jitsumu_2hen@jitsumu.co.jp

【ご注意】
※電話でのお問合せは，一切受け付けておりません。
※内容の正誤以外のお問合せ（詳しい解説・受験指導のご要望等）には対応できません。

高卒程度公務員 適性試験問題集

2023年2月25日 初版第1刷発行 〈検印省略〉

編　者　資格試験研究会
発行者　小山隆之

発行所　株式会社実務教育出版
　　　　　　〒163-8671　東京都新宿区新宿1-1-12
　　　　　　☎編集03-3355-1812　販売03-3355-1951
　　　　　　振替　00160-0-78270
印　刷　文化カラー印刷
製　本　東京美術紙工